最新研究でここまでわかった

幕末 通説のウソ

日本史の謎検証委員会 編

彩図社

はじめに

突然、姿を見せた黒船に庶民は驚き、幕府の役人も右往左往して戸惑うばかり。開国や通商を強いる欧米列強に幕府は抗えず、国内の混乱が収まる気配はない。そんな中、勤皇の志士たちは旧態依然とした幕府を見限り、日本の夜明けを目指そうと奔走した――。

かつて幕末をテーマにした時代劇や歴史ドラマでは、幕府の役人と討幕を目指す志士について、このように表現されることが多かった。

しかし、近年は新しい史料の発見や研究により、従来の見方が大きく変わりつつある。たとえば、西郷隆盛は器が大きかった一方で冷徹な謀略家の顔も持ち、坂本龍馬は薩摩藩の意を受けて動くスパイのような存在で、勝海舟に関する功績は、そのほとんどが否定されている。

また、不平等条約を押し付けられたとして消極的に見られていた幕府の外交に関しても、近年は再評価が進んで見方が変わっている。江戸時代後半に外国船の来航が頻繁になったことで、幕府はペリー来航の何年も前から開国の必要性を感じるようになっていた。そのためアメリカとの条約交渉は開明派の幕府役人が担い、ペリーやハリスと粘り強く交渉して日本の権益を守ろうとしていたのである。

逆に討幕に向けて団結した薩長中心の新政府に関しても、これまでとは異なる姿が明らかになってきている。

薩摩藩では天皇と幕府との融和を目指す勢力が強く、大政奉還の直前まで討幕派は主導権を握れなかった。武士以外から隊員を募って近代的な兵制を取り入れ、四民平等の軍隊だったと思われがちな奇兵隊にしても、実際には身分によって服装に違いがあるなど、身分制の枠から完全に抜け出たわけではなかった。明治維新後はろくな論功行賞もなく解散させられたことも、あまり知られていないだろう。

このような、これまでの研究で明らかになった歴史の新説を一冊にまとめたのが、本書である。

第一章では、西郷、龍馬らの他、大久保利通やペリー、岡田以蔵など、人物に関する通説の変化を解説。第二章では安政の大獄、池田屋事件、江戸無血開城といった歴史的事件の背景を探り、第三章では薩英戦争、戊辰戦争、上野戦争などの戦乱を主に説明している。さらに第四章では、幕末から明治にかけての社会と政治について記した。

明治維新から150年が過ぎた現在。本書が、より深く幕末という時代を知り、考えるきっかけになれば幸いである。

幕末　通説のウソ

目次

第一章 人物にまつわるウソ

第二章 事件にまつわるウソ

第三章 戦乱にまつわるウソ

第四章 社会・政治にまつわるウソ

オランダ出身の宣教師フルベッキとその子どもを囲む日本人たち。モデルについては諸説あるが、明治元（1868）年に佐賀藩が長崎に設けた英学校の学生たちを撮ったのだと考えられる。

第一章

人物にまつわるウソ

01 西郷隆盛はおおらかで寛容だったというのはウソ

通説

卓越した政治力と行動力をもって、明治維新を実現させた豪傑・西郷隆盛。座右の銘である「敬《けい》天愛人《てんあいじん》」のとおり、特に人を愛し、配下の士卒のみならず、敵軍に対しても温情を示す仁愛に富んだ人物として有名だ。その高潔な人柄から、今なお多くの人々から愛され続けている。

西郷隆盛の肖像。左はキヨッソーネが西郷の弟といとこをモデルに作成した想像図で、右は西郷を顕彰するために高村光雲によってつくられ、上野公園に設置された銅像。

真相

西郷は、偏狭で人の好き嫌いが激しい性格だったと言われている。実際、**盟友である大久保利通はその人柄を「激情家」と評している**。また、目的のためなら配下を平気で切り捨てたり、工作活動によって世情の不安をあおったりと、非情な面も持っていた。

命を賭した征韓論

浴衣姿で愛犬のツンをつれた恰幅《かっぷく》のいい男の銅像。上野公園にあるそんな西郷隆盛像からは、モデルになった西郷の、心が広く温厚な人柄が見て取れる。

確かに、西郷を慕う部下が多かったのは事実である。しかしその一方で、自分と相容れない人間に対しては徹底的に憎悪する性分でもあったようだ。

たとえば、後に大阪商工会議所の初代会頭となる同郷の五代友厚《ごだいともあつ》を「利で動く人間」だと非難し、薩摩藩トップの島津久光《しまづひさみつ》に対しては、「地ゴロ（田舎者）」と罵った。自分を取り立てた前藩主斉彬《なりあきら》を「お天道様《てんとうさま》のような人」と敬ったのとはえらい違いである。

また、豪胆なイメージとは裏腹に、西郷は**目的のためなら手段を選ばない謀略家**でもあった。それをよく表しているのが、**江戸の街における攪乱《かくらん》工作**である。

慶応3（1867）年10月、西郷は幕府を挑発するために、配下の浪士へ江戸市中での工作活動を命令。目的どおり、我慢に耐えかねた佐幕派の庄内藩が薩摩藩邸に火をかけて幕府攻撃の口実はできたが、浪士たちが略奪や放火、強盗などを行ったことで、江戸の住民は恐怖に陥った。

戊辰戦争勃発後も、西郷は非情だった。旧幕軍攻撃の先遣隊として組織された赤報隊は、西郷の指示のもと、各地で「新政府は年貢を半減する」と宣伝し、民心掌握に奔走した。だが、赤報隊が西郷のコントロールから離れるような行動をとったことと、年貢半減の実現が財政的に困難だとわかると、西郷は「年貢半減」は赤報隊が勝手に触れ回ったものとして彼らを追討し、処刑している。

また、西郷が新政府を去るきっかけとなった征韓論《せいかんろん》にしても、その真意を巡って様々な意見がある。征韓論とは、日本との国交樹立交渉に応じなかった朝鮮を、武力をもって開国させようという主張のことだ。西郷は自らが全権大使となって朝鮮へ赴くことを主張したが、大久保利通や岩倉具視に反対されたことで対立し、政府を去っている。

なぜわざわざ政府の重鎮の西郷が朝鮮へ行こうとしたのか？　話し合いで収めようとしていた可能

薩摩藩邸焼き討ちを報じるフランスの週刊新聞「L'Illustration」の記事

性もあるが、**自らの死と引き換えに朝鮮出兵の口実をつくろうとした**という意見は根強い。

実際、西郷は征韓論を唱える板垣退助への手紙で「(自分が朝鮮へ行けば)死することぐらいはできる」と書いていた。板垣ら征韓論派を抑えるための言葉だった可能性もあるが、当時の西郷は仕事に忙殺され、健康上の問題を抱えて心理的に弱っていた。「大義」のために自らの命を使おうとしたとしても、不思議ではない。

ちなみに、**西郷隆盛という名前は、彼の本名ではない**。諱《いみな》(本名)は隆永《たかなが》である。西郷が天皇から位階を授けられることになったとき、親友だった吉井《よしい》友実《ともざね》が京を離れていた西郷に代わって名前を届け出たのだが、そのとき間違って西郷の父の名を奏上してしまったのだ。

だが、これを知った西郷は怒るどころか、たいして気にする様子がなかったという。非情な面があったことは確かだが、器が大きいという評価も間違っていないようだ。

02

大久保利通は権力を握って私利私欲で動いたというのはウソ

通説

討幕運動に奔走し、明治新政府では内務卿として辣腕《らつわん》を振るった大久保利通。その功績は大きかったが、権力を掌握した大久保は私利私欲のために政治を行ったため、共に活動した志士たちは反発し、次々に政界から離れていった。最終的には盟友である西郷隆盛を見殺しにしてしまうなど、血も涙もない政治家だった。

維新の三傑のひとり大久保利通

真相

厳格でとっつきにくい人間ではあったが、大久保は**私利私欲で動くタイプではなかった**。仕事では厳しい顔を見せていた一方で、情に厚く部下を気遣う人だったという証言も、数多く残されている。

自分の借金で行った公共事業

薩摩藩出身の大久保は、初期の新政府において、最も権力のある男だった。強力な政治力で殖産興業を推し進め、最終的には現在の内閣総理大臣に相当する内務卿にまで上り詰めている。

にもかかわらず、大久保とともに「維新の三傑《さんけつ》」に挙げられる西郷、木戸と比べると人気はかなり低く、「幕末の功臣にして明治の賊臣《ぞくしん》」というありがたくない評価まで下されている。この人気のなさの一因として、西南戦争で西郷に賊徒の汚名を着せ、亡き者にしたことが挙げられるだろう。帯刀と禄の支給という士族の特権を奪ったことも、人間味のないような印象を与えているのかもしれない。

大久保がとっつきにくいという証言は、多くの政府高官が残している。官庁内で大久保の靴音が聞こえると、それまで雑談していた維新の功労者たちが私語をやめたというから、近づきにくい人物だったことは確かだ。

一方、家庭における大久保は、子煩悩なよき父親であった。大久保の三男利武《としたけ》によれば、5人の子どもを叱ることはなく、暇があれば子どもを書斎に入れて遊んでいたという。また、職場では厳しい人物だと思われていたが、**単に勤務態度が厳格なだけで、他人に対して攻撃的だったわけではない**。むしろ、部下であっても「さん付け」で呼び、礼儀を忘れずに接していたという。

大久保が士族の不満を招いてでも士族の特権を奪ったのは、早期に近代化を実現したいと考えていたからだろう。欧米視察によって西洋文明の先進性に衝撃を受けた大久保は、このままでは日本が欧米の植民地になるという危機感を抱いていた。そうした危機感が、強引な改革へとつながったといえるのではないだろうか。

それに大久保が自身に権力を集中させたのは、私利私欲のためではなかった。

明治11（1878）年5月14日、大久保は不平士族によって襲撃され、満47歳で命を落とした。その日の朝に福島県権令《ごんれい》・山吉盛典《やまよしもりすけ》へ語ったとされるのが、**近代化に向けた「30年計画」**である。

青山霊園にある大久保の墓

大久保は、明治元年から30年までを「創業期」「内治整理・殖産興業期」「後継者による守成期」の3期に分けて考えていた。これまでの10年間は創業期、現在進行中の10年間は内治整理・殖産興業期、そして次の10年間が後継者による守成期だ。このうち第2期までは力を注ぎたいという抱負を持っていた。

この計画の実現のため、大久保はまさしく公に尽くした。大久保の暗殺者が持参していた「斬奸状《ざんかんじょう》」には大久保に対する5つの罪が記されており、そのひとつに、「不要な土木事業、建築により、国費を無駄遣いしている」というものがあった。

しかし実際には、**大久保は予算のつきにくい公共工事に私財を投じ、そのために借金を抱えていた**。その額は現在の価値で約1億円もあったという。やりかたは褒められない面もあったが、日本の将来を考える姿勢は、西郷や木戸に負けていなかったに違いない。

03

坂本龍馬の船中八策が大政奉還の基礎となったというのはウソ

通説

幕末の混乱期を疾風のように駆け抜けた風雲児。それが坂本龍馬だ。犬猿の仲だった長州藩と薩摩藩からなる「薩長同盟」の締結に奔走し、新政府の草案である「船中八策《せんちゅうはっさく》」をつくって「大政奉還」の基礎を構築。さらには海援隊を組織して貿易や海運業にも精を出した、まさに近代日本の先駆けとなった偉人である。

坂本龍馬（左から３番目）と、龍馬が組織した海援隊のメンバー

真相

現在、龍馬が行ったとされる数々の逸話には、疑問が呈されている。特に**「船中八策」は原本が見つかっておらず、龍馬がつくったという証拠もない**。薩長同盟の功績も評価が変わってきており、歴史の大きな流れからみれば、裏方だったとするのが現在の主な見方である。

薩長の裏方だった策士

坂本龍馬は、幕末の志士の人気投票において、必ず上位に名前が挙がるほど人気がある。土佐藩の郷士《ごうし》（下級武士）の家に生まれながら、その才覚と行動力を生かして数多くの難問を解決。政治だけではなく、現在でいうところの貿易商社兼海運業者でもある海援隊を設立し、商才も発揮して近代日本の基礎を築いたとされてきた。

しかし現在、龍馬にまつわる逸話には多くの疑問が呈されており、決して幕末のヒーローではなかったというのが有力な見方になっている。

龍馬最大の功績は、大政奉還の元である「船中八策」をつくったことだろう。大政奉還は、土佐藩前藩主・山内容堂《やまうちようどう》が慶喜に進言して実現したが、原案をつくったのは龍馬だとされてきた。船中八策を元に土佐藩士・後藤象二郎《ごとうしょうじろう》が建白書をまとめ、容堂に提出した。それがこれまでの通説だ。

しかし、実はこの説には大きな問題がある。船中八策は原本や写本が存在せず、それどころか、存在を示唆する同時代の史料もないのだ。元海援隊の長岡謙吉が書いたという「海援隊日史」にも記述はないし、後藤象二郎が龍馬の影響で大政奉還案を披露したという史料もない。

実際に「船中八策」という言葉が登場するのは、大正になってからである。他の史料から、**龍馬が大政奉還後の政体構想を持っていたことはわかっているが、現在伝わる船中八策がその構想だという、確かな証拠はない**のである。

また、**薩長同盟の仲介についても、その役割は限定的だった**ようだ。実際の交渉は薩長の藩士のみで行われており、龍馬は数ある調整役のひとりで決定的な役割は果たしていなかったとされる。

実際の龍馬は、一言で言えば薩長の裏方だった。龍馬は西郷隆盛と関係が深く、薩摩藩の意に従って行動することが多かった。重要会議の段取りや日程を調整して、武器商人グラバーを通じて大量の武器弾薬を薩長軍に用意する。そんな役割を遂行すべく結成されたのが、海援隊だった。そしてこの海援隊でトラブルが起きたとき、龍馬は英雄にあるまじきハッタリをかまして場をしのい

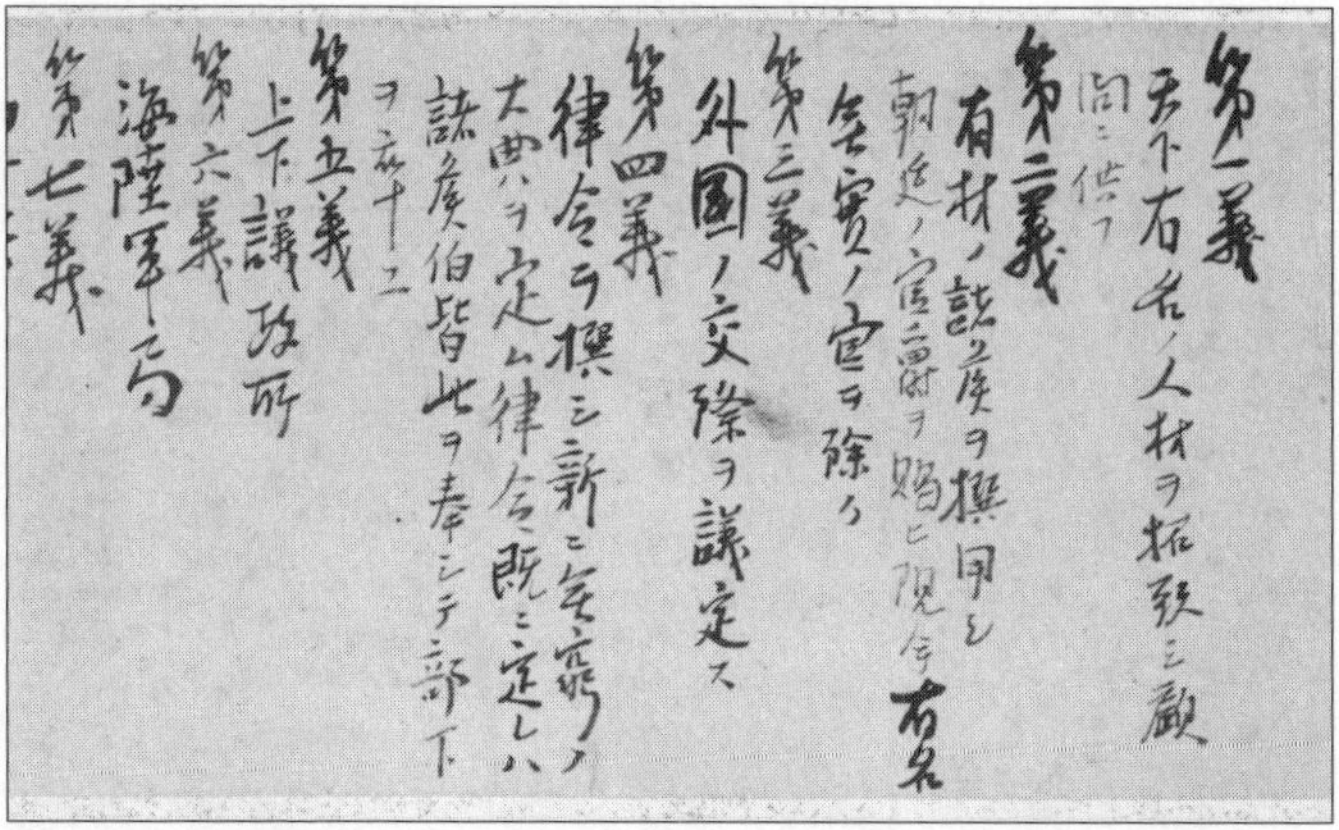

第一義 天下有名ノ人材ヲ招致シ顧問ニ供フ
第二義 有材ノ諸侯ヲ撰用シ朝廷ノ官爵ヲ賜ヒ現今有名無実ノ官ヲ除ク
第三義 外國ノ交際ヲ議定ス
第四義 律令ヲ撰シ新ニ無窮ノ大典ヲ定ム律令既ニ定レバ諸侯伯皆此ヲ奉シテ部下ヲ率ス
第五義 上下議政所
第六義 海陸軍局
第七義

龍馬の「新政府綱領八策」。慶応３年 11 月、新政体の構想として土佐藩の重役に示した。船中八策を元にしたとされるが、それが現存する船中八策と同じかは不明。（国会図書館所蔵）

でいる。

慶応３（１８６７）年4月、海援隊が借りていた「いろは丸」が、現在の岡山県笠岡諸島で紀州藩（和歌山県）の軍艦明光丸と衝突。いろは丸は大破して沈没した。事故はいろは丸側の過失もあったが、龍馬は国際法である万国公法《ばんこくこうほう》を持ち出して紀州藩の過失を追及している。

龍馬の言い分はこうだった。いろは丸には8万両（現在の価値で約１６４億円）相当の銃火器や金塊が搭載されていた。それが明光丸の過失で沈んだのだから、国際法に基づき、きちんと賠償してもらわなければならない。**国際法に疎い紀州藩側は龍馬の弁舌巧みな交渉術に翻弄され、同額の賠償金を支払うことで決着**した。

しかし、１９８０年代にいろは丸の船体が海底で発見されると、龍馬のハッタリが明らかになった。このとき行われた潜水調査の結果、龍馬が主張した銃火器などは確認されなかったのである。

04 坂本龍馬は薩長を仲介したから寺田屋で襲われたというのはウソ

通説

坂本龍馬は、妻お龍《りょう》のおかげで、死の危険から逃れることができた。事件が起きたのは、薩長同盟成立の2日後のこと。伏見奉行は同盟の仲介者となった龍馬へ報復すべく、寺田屋に役人を派遣した。しかし宿を密かに取り囲もうとした役人の動きをお龍は察知。入浴中だったが構わず、裸のまま龍馬にその危険を知らせた。結果、龍馬はなんとか防戦して寺田屋を脱出し、薩摩藩の屋敷に逃げ込むことができたのである。

坂本龍馬（左／国会図書館所蔵）と晩年のお龍。お龍は龍馬暗殺後に再婚し、西村ツルと名乗った。写真は1904年に東京二六新聞に掲載されたもの。

真相

お龍が龍馬を助けたのは事実だが、裸で龍馬に危険を伝えたというエピソードは後世の創作である。また、薩長同盟が結ばれたことは幕府に漏れていなかった可能性が高いため、**襲撃が「薩長同盟を仲介した龍馬への報復」という説は、現在では否定されている。**

龍馬を救った姿と役人達の真意

前項でも紹介した通り、坂本龍馬に関する誤解は少なくない。京の宿屋「寺田屋」における龍馬襲撃事件も、その一つだ。

事件が起きたのは、慶応２（１８６６）年1月23日のこと。龍馬は薩摩藩士だと身分を偽り、長府藩士の三吉慎蔵と寺田屋に潜伏していたが、この情報が伏見奉行の耳に届いてしまう。そこで伏見奉行が配下に龍馬捕縛を命じると、捕方およそ50人が集まり、宿を包囲しようとした。この絶体絶命のピンチに気づいたのが、入浴中だった妻のお龍だ。裸であることも気にせずお龍が危機を知らせたことで、龍馬はなんとか命をとりとめることができた。そんな風に思われているが、実は史実と若干異なる。

薩長同盟が締結されたのは、同年1月21日。襲撃事件が起きたのがその2日後だから、同盟がばれていたとすれば幕府はなんらかの対策を講じていたはずだが、そのような痕跡は残っていない。そうなると、**伏見奉行が龍馬の捕縛を命じたのは、薩長同盟締結の情報が漏れていたからではなく、指名手配中だった龍馬が見つかったからだと考えた方が自然だ**。

一方、お龍が役人の動きを察知して龍馬に知らせたことは、複数の一次史料で確認されている。「此龍女がおれバこそ、龍馬の命ハたすかりけり」と龍馬ものちに語っており、お龍の働きがあったという話は信憑性が高い。しかし、「裸で龍馬を助けた」という話は明治後期以降の創作である。

お龍の逸話が世に広まったのは、坂崎《さかざき》紫瀾《しらん》が明治16（1883）年に執筆した伝記小説**『汗血千《かんけつせん》里駒《りのこま》』の影響**だ。「入浴中に物音を聞いたお龍が外を見ると、役人が迫っていたので浴衣を急いで打ちかけた」と書いたこの書籍がベストセラーとなったことで、寺田屋遭難の逸話は世間に広まった。この記述が元になって、「お龍は裸で龍馬に駆けつけた」という話へと変わっていったのだろう。

もちろん、『汗血千里駒』はフィクションであり、お龍本人が「間違いが多すぎる」と嘆いたほどなので、史料として読むには適していない。

坂崎紫瀾が執筆した『汗血千里駒』に掲載された挿絵（国会図書館所蔵）

　では、実際にはどのような状況だったのか？

　お龍本人の証言をまとめた『千里駒後日譚』では、「入浴中に外から肩先へ槍を突き出されたので大声で一喝した。濡れた体に着物をひっかけて、帯も締めず庭に飛び出たところ、外に役人たちがいたので応対してから龍馬のもとへ向かった」とある。

　また、事件後に龍馬が兄に宛てた手紙には「この前に話した妻が勝手口より駆けつけていうには」と書かれている。これらの記述から考えれば、事件時にお龍は服を着てから庭に出て、そこから勝手口に回って助けに走った、ということになる。**緊急時とはいえ裸で駆け回るのは、さすがにためらわれたようだ**。

　ちなみに2008年ごろまで、寺田屋は当時のまま現存していると宣伝されていたが、調査の結果、再建されていることが明らかになった。江戸時代の寺田屋は、現在の場所から東寄りの地に建っていたようである。

05 勝海舟が江戸無血開城の立役者というのはウソ

通説

勝海舟は、幕末に最も活躍した幕臣のひとりである。黒船来航後は、海岸の防備強化を説く意見書をいち早く提出。その先見の明が評価され、外国や尊攘勢力との交渉で活躍した。そして討幕派が勢いづき、新政府軍によって江戸が攻撃されようとしたときも、勝は得意の交渉術で新政府側と互角にわたり合った。結果、西郷隆盛との直接会談を実現し、江戸城の無血開城に成功。江戸が火の海となることを回避した功績から、その交渉能力はいまも高く評価されている。

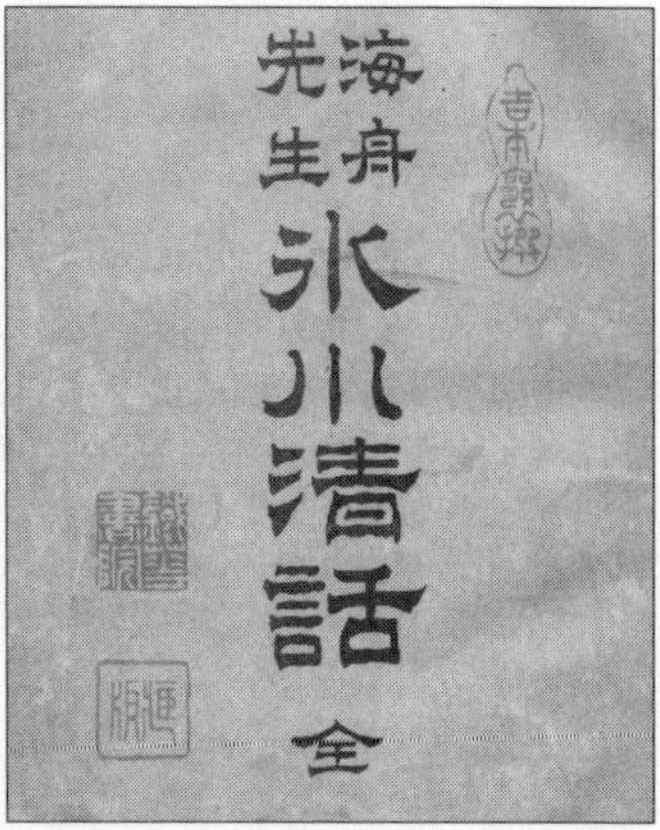

勝海舟の回想を吉本襄がまとめた『氷川清話』は幕末研究でおおいに参考にされてきたが、勝による誇張や吉本による改編などがあり、鵜呑みにするのは危険。（右／国会図書館所蔵）

真相

勝には自分の行いを大げさに吹聴する癖があり、**昨今の研究によって、その功績の多くがデタラメであることがわかっている。**勝の功績を代表する江戸無血開城も、主導していたのは他の幕臣だった。

他の幕臣が進めた無血開城

旧態依然とした幕府において、開明的な価値観をもって幕末の政局で活躍した幕臣。これまで、勝海舟はそんな評価を受けることが多かった。だが、勝の功績のほとんどは、現在では事実ではないとされている。

これまでの定説は、勝の証言をまとめた『氷川清話《ひかわせいわ》』を参考にしたものだった。しかし、他の史料や証言と照らし合わせると、この証言録は非常に矛盾が多いのだ。

咸臨丸を指揮して太平洋を横断したというエピソー

ドは有名だが、実際には出港早々に船酔いで寝込み、同乗したアメリカ水兵たちが指揮をとっていた。対馬を不法占拠したロシア軍を英国の協力で退散させたという「対馬事件」も、実際に動いたのは箱館奉行衆。『氷川清話』では自分の功績のように記しているが、事件時の勝は江戸にいた。

そして慶応4（1868）年3月14日の江戸無血開城すら、勝だけの手柄ではなかった。イギリス公使を介して新政府軍へ圧力をかけ、江戸に迫った新政府軍に対して、勝は周到な準備をしたとされてきた。江戸の侠客《きょうかく》に江戸市中での焦土作戦を命令して新政府軍をけん制。この状況を利用した交渉術によって、西郷に江戸攻撃を中止させたというのが通説である。

だが実際には、西郷は焦土作戦を知らなかったし、勝がイギリスの外交官と対面したのは江戸無血開城後の21日。**焦土作戦もイギリスの圧力も、江戸無血開城とは無関係だった**のである。

そもそも、西郷から攻撃中止を引き出したことは、勝だけの功績ではない。**慶喜に仕えた山岡鉄《やまおかてっ》舟《しゅう》の活躍があったからこそ、江戸は火の海となることを避けられた**のである。

鳥羽伏見の戦いの敗北後、将軍の慶喜は上野寛永寺《かんえいじ》へ謹慎し、新政府軍へ恭順の意を示していた。しかし、新政府は慶喜の真意を測りかね、江戸への進軍をやめなかった。そこで慶喜は、降伏交渉の使者を西郷のいる駿府《すんぷ》に派遣することを決める。このとき選ばれたのが、山岡鉄舟だ。結果、鉄舟は交渉を成功させ、西郷は江戸城引渡しと引き換えに慶喜の助命を認めたのである。

会談は何度か行われたが、最後の会談は3月9日のこと。勝の会談の4日ほど前には、すでに無血

江戸無血開城の立役者・山岡鉄舟（左）。慶喜は高橋泥舟（右）を交渉役として派遣しようとしていたが、慶喜の身辺警護役だったため、代わりに泥舟の義弟鉄舟に白羽の矢が立った。

開城の大筋は決まっていたことになる。なお、鉄舟は勝の命令で派遣されたという説もあるが、これは勝本人が『氷川清話』の中で「初対面だった」と否定している。

では、江戸城で勝と西郷が会ったのはなぜか？　それは最後の確認作業をするためである。駿府で合意したとはいえ、正式な決定がない以上、立場のある幕臣と調整を進めなければならない。そこで勝が調整役となったというわけだ。

これが勝一人の手柄として広まったのは、**勝が自分の功績として喧伝した**からである。西南戦争で西郷が死ぬと、勝は明治14（1881）年に「江戸の総攻撃中止は自分が主導した」との報告書を、勲章・褒賞などを所管する賞勲局に提出したのだ。結果、江戸無血開城は勝の功績として語られることになったのである。なお、実際に西郷と交渉した鉄舟は、勝と競合するのを嫌ってか、賞勲局に報告書を提出していない。

06
新選組は刀剣主体の剣豪集団だったというのはウソ

通説

新選組は幕末随一の剣豪集団だったが、剣術にこだわり過ぎたことが仇となった。討幕派が洋式装備を導入して近代的な兵制に切り替えていったのに対し、新選組は刀を主体とした白兵戦で戦っていた。そうした兵制の違いが両者の差となり、新選組は討幕派との戦いで敗走を重ねることになったのである。

戊辰戦争で近藤勇と板垣退助が戦った甲州勝沼の戦い。近藤は刀を手にしているが、この戦いの前から新選組の装備は洋式化していた。(「甲州勝沼駅ニ於テ近藤勇驍勇之図」)

真相

結成当初は剣術を重視していた新選組だが、**禁門の変以後は兵制の洋式化を進めていた**。鳥羽伏見の戦いでは最新式の小銃を装備して戦い、戊辰戦争ではほぼ全ての隊士が洋装に切り替えるなど、時代に合った戦い方に対応していたのである。

小銃装備の剣豪集団

ダンダラ模様の羽織姿で、京の警固役として攘夷派志士を取り締まった凄腕の剣客集団「新選組」。近代化の波が押し寄せながらも、武士らしく最後まで刀で戦い続けて滅びの道を歩んでいった――。そんなイメージを新選組に持ち、その生き方に心を動かされたという人は少なくないのではないだろうか。

確かに、新選組が沖田総司や斎藤一《はじめ》など、超一流の剣士たちを抱え、京の治安維持に努めたことは事実である。しかし、だからといって新選組が刀と和装で戦い抜いたというのは誤解であり、実際には、かなり早い段階で洋式装備への転換が進められていた。

その契機となったのが、元治元（1864）年7月19日に起きた禁門の変である。長州軍が京都でクーデターを企てたこの事件で、新選組は幕府側として参戦している。さぞ功績を残したのだろうと思いきや、**刀剣主体の装備では大した活躍はできなかった**。結果的に幕府側が勝利を収めたものの、局長の近藤勇と副局長の土方歳三は、今後も新選組が存在感を示すためには、組織の強化が必要だと実感することになった。そこでとられた具体策が、人員強化と装備の洋式化である。

翌年3月に本拠地を壬生屯所から西本願寺に移転した新選組は、装備や兵制の洋式化を進める幕府陸軍に倣い、大砲や小銃を多数用意して隊士に訓練を施した。鳥取藩の記録によると、「剣槍は差し置き砲術訓練盛んに相行われ候」と、剣術以上に砲術が重視されていたことがわかる。また、銃を効率よく運用するために銃撃戦を指揮する「銃頭」という役職を新設。さらには蘭学医・松本良順の指導で生活環境の改善を行うなど、西洋知識を積極的に取り入れていた。**こうした改革が意外にも実を結んだのが、鳥羽伏見の戦いだ**。

鳥羽伏見の戦いについて、「最新兵器を駆使する新政府軍に旧幕軍がなす術もなく敗れた」というイメージがあるかもしれないが、実は**参加した新選組隊士の全員が、小銃で武装していた**。しか

禁門の変のときに銃弾を受けた蛤御門。この戦いを機に新選組は近代的な装備を導入した。

も、その多くがフランス製の最新小銃で、刀は補助装備として携帯していただけ。すでに新選組は刀剣主体の組織から脱却しつつあったのである。

しかし、**慣れない洋式戦術に苦戦して、白兵戦を試みて撃たれた隊士が多数いた**のも事実だ。また、そもそも組織の洋式化を嫌がる武芸者肌の隊士も多かった。前述の鳥取藩の記録にも、「西洋不服の士多々」と記されている。軍学者の武田観柳斎《かんりゅうさい》はその筆頭で、二番隊隊長・山南敬助《やまなみけいすけ》も西洋化に反対したという。

とはいえ、生死を賭けた戦いで刀にこだわることが得策でないことを、隊士たちは実感していただろう。鳥羽伏見の戦いに敗北した後も新選組は降伏せず、「甲陽鎮撫《こうようちんぶ》隊《たい》」として各地を転戦した。近藤が処刑された後も元隊士の多くが新政府軍と戦ったが、その中に和装で刀を振るう者はおらず、ほとんどが洋装で小銃を装備していたという。

07 沖田総司が三段突きを得意としたというのはウソ

通説

新選組最強とも謳われる一番隊隊長・沖田総司。近藤勇が当主を務める試衛館《しえいかん》で天然理心流《てんねんりしんりゅう》を学んだ後、新選組に入隊して多くの不逞浪士を取り締まった。しかし、長州藩士らを取り締まった池田屋事件において、喀血《かっけつ》により肺結核に罹《かか》っていたことが判明。才能に恵まれながら、20代という若さで病没した。

沖田の姉ミツ（左）の証言に基づいて昭和に描かれた沖田総司像（右）

真相

沖田が優れた剣術家だったのは事実だと考えられるが、具体的な活躍には不明な部分が多い。**後世の創作が誇張され、事実のように語られているのが現状**だ。同じように、近藤勇のような沖田以外の有名隊士も、小説等の影響により、実像とは異なるイメージが広まっている。

ヒラメ顔の沖田総司

「沖田の剣の前では土方ですら子ども扱いだった。きっと局長の近藤でも敵わなかっただろう」

新選組二番隊隊長・永倉新八《ながくらしんぱち》が『新撰組顛末記《てんまつき》』でそう回顧したように、沖田総司は新選組最強の剣士として有名だった。天然理心流の試衛館では13歳で白河藩の指南役を倒し、20歳の若さで免許皆伝を受けるほどの実力者だったという。

新選組結成後には、一番隊の隊長として不逞浪士の取り締まりに奮闘。一瞬で三度の突きを繰り出す「三段突き（無明剣）」を好んで使った。「たち向かえば2、3合でたちまち切り捨てられる」（『新撰組顛末記』）と言われた池田屋事件での活躍をはじめ、前局長・芹沢鴨《せりざわかも》の暗殺や脱走隊士・山南敬助の粛清などにも関わり、名実ともに新選組で最強の人斬りとして語られるようになった。

しかし、実は**沖田に関する確かな史料はかなり少なく、本当はどんな人物だったのか、ほとんど謎だらけ**である。池田屋事件で喀血したというエピソードも創作だとされているし、『新撰組顛末記』にしても、1913年に新聞記者が73歳の永倉にインタビューした記事をまとめたもので、沖田に関する記述が正しいのか、確かめようがないのである。

沖田が愛用したという三段突きにしても、どのようなものだったかはわかっていない。天然理心流は突きを得意とする流派だったので、後世の人が沖田の剣技の評判と融合させて創作したものと推測される。

また、近年よく知られるようになったとおり、「新選組一の美形」というのも怪しいところだ。新選組後援者は「色黒で猫背な愛嬌のあるヒラメ顔」という証言を残しているし、実姉が似ていると評した実孫の顔も、ハンサムとは言い難い。新選組の人気ゆえに、美青年だというエピソードが独り歩きしたのかもしれない。

このような誤解は、他の隊士にもかなりある。例えば、新選組の局長である近藤は、剣術の達人

近藤勇（左）と晩年の永倉新八（右）

だったと思われることが多い。若くして養子先の試衛館を継ぎ、新選組の精鋭たちをまとめ上げたのだから、そう思われるのも無理はない。しかし、**近藤は剣術の試合にめっぽう弱かった**といわれている。

江戸時代の剣術道場には他流派の剣士が腕試しに来ることがあり、試衛館にも道場破りが門を叩くことがあった。しかし近藤はすぐには戦わず、まずは相手とよく話し合った。相手の力量を見定めるためだ。

そして相手が自分より弱そうなら果し合いに応じ、もし強そうであれば、九段の練兵館から助人を送ってもらって、自分の代役として戦わせたのである。

なんとも情けない話だが、弱かったから戦いを避けた、というわけではない。近藤は実戦に強かった一方、型をつくって技を競い合う試合で真価を発揮するのは苦手だった。負けてしまえば、道場全体の評判を落とすことになる。近藤からしても、苦肉の策だったに違いない。

08 ペリーが粗野な性格だったため日本は開国したというのはウソ

通説

黒船艦隊の提督マシュー・ペリーは、好戦的なアメリカ海軍の軍人である。幕末の浦賀湾に来航したペリー率いるアメリカ艦隊は、その圧倒的な武力を盾に、幕府に開国を要求。大砲などによる威嚇《いかく》行為によって、ペリーは幕府の恐怖心をあおった。こうしたペリーの荒々しい性格が影響して、日本の開国は加速することになったのである。

日本に開国を迫ったペリー。右は当時の日本人によって描かれた肖像。

真相

日本を威圧したのは本国の命令によるもので、ペリーが特別好戦的でも、人命を軽視していたわけでもない。むしろ船員に自衛目的以外の武力行使を禁じるなど、**冷静で現実的な一面も持っていた**。

冷静なリアリストだった開国の立役者

嘉永《かえい》6（1853）年6月3日、日本の浦賀湾に突如4隻のアメリカ船が出現した。いわゆる黒船来航である。アメリカ合衆国海軍東インド艦隊の船舶は、日本に開国を迫ってきた。

アメリカ船の来航は初めてではなかったが、黒船来航が特別視されるのは、艦隊指揮官のマシュー・ペリーが、軍事行使すら辞さない強気の態度をとったからだろう。

ペリーは幕府に無断で江戸湾を測量し、国書の受け取りを拒否すれば武力行使も辞さないと浦賀奉行を脅迫。さらには江戸城に向けて空砲を放っている。

こうした攻撃的な態度から、ペリーは粗野で好戦的な人物だという印象を持つ方もいるだろう。確かに、ペリーが武力を背景に日本を開国させたことは事実だし、琉球占領を視野に入れるなど、手荒な手段も考えていた。しかも、大統領から「交渉はできる限り穏便に」と命令を受けていたにもかかわらず、ペリーは日本を恫喝《どうかつ》している。

しかし**実際にペリーが武力に訴える可能性は、極めて低かった**。軍事的威圧は、西洋諸国が過去に重ねた失敗を踏まえて考え出した戦略だったからだ。

ペリーが日本を訪れる50年以上前から、欧米諸国は開国を求めて日本近海にやってきていた。しかし、幕府は態度を軟化させはしたものの、外国船を警戒して要求をのもうとはしなかった。そこでペリーは、**イギリスの軍事的圧力に屈した清国のケースを参考に、武力を盾に日本を脅して要求をのませようとした**のである。日本を空砲などで威嚇したものの、乗組員には日本側が危害を加えない限りは武器の使用を禁じるなど、はじめから武力を使う気はなかった。

ペリーがそこまでして日本との開国を急いだのは、太平洋におけるアメリカの影響力を強めるためだと考えられる。中国市場へ向かう商船や太平洋で活動する捕鯨船にとって、日本は絶好の中継地点だった。アジア交易でイギリスやフランスに後れをとっていたアメリカからすれば、日本開国というアドバンテージを両国にとられることは、避けたかった。だからこそペリーは、アメリカの手で交渉

黒船来航図。ペリーに随行して日本に訪れた画家ヴィルヘルム・ハイネによって描かれた。

を成功させるため、強硬な手段を選んだと考えられる。

ところで、ペリーは当時の西洋人と同じく、西洋＝文明国、日本＝半文明国という認識を持っていた。そのため人種的な偏見を持っていると思われることがあるが、実は本国アメリカにおいて、**ペリーは黒人奴隷の解放運動に力を入れていた**。

ペリーが20代のころ、アメリカでは奴隷制が崩壊し、黒人奴隷をアフリカに返還しようという運動が活発化していた。ペリーはこれに賛同し、自ら船団を指揮して黒人をアフリカへと送り届けている。このとき造られた町が、現在のリベリアである。同国では今でも、ペリーは建国の立役者として尊敬されているという。

その後はメキシコ戦争に従軍して功績を残し、アメリカの勝利に貢献。占領地の民政でも手腕を発揮した。このような功績を認められたからこそ、日本への使者という大任に選ばれたのである。

09 井伊直弼は開国論者だったというのはウソ

通説

「日米和親条約」に基づいて来日したアメリカ総領事ハリスとの通商交渉に、いち早く反応した幕閣。それが大老の彦根藩主・井伊直弼《いいなおすけ》だ。開国論者の井伊は幕府の反対を押し切って「日米修好通商条約」に調印。朝廷を無視した強行は尊王攘夷派の反発を招き、反対派を弾圧したことによる反感の高まりもあり、井伊は桜田門で暗殺されることになった。

日米修好通商条約交渉時の老中首座・堀田正睦（左）と、大老・井伊直弼（右）。堀田はアメリカとの条約締結に前向きだったのに対し、井伊は条約締結に否定的だった。

真相

開国論者と思われがちな井伊直弼だが、実際には**アメリカとの条約調印に否定的**だった。開国に同意したのは大老就任前、すでに幕府が条約調印を決めていたからであり、井伊本人は天皇の勅許を得てからにすべきだと、他の幕臣にくぎを刺していたほどだった。

就任前に決まった開国路線

開国を拒む天皇を無視して、勝手に条約調印をした不忠の輩。井伊直弼はそんな悪しきイメージで語られがちだ。しかし実際には、井伊はアメリカとの条約締結に否定的な考えを持っていた。なぜなら、**井伊は「国学」の価値観を重んじる保守的な人物だった**からだ。

国学とは、『古事記』や『日本書紀』といった日本古来の書物を重んじ、日本本来の精神に立ち返ることを説いた学問である。幕府の権威が低下した江戸時代後期から、武士階層の間で浸透し始めた。広めたのは尊皇思想の強い水戸藩の国学者たちで、幕末には武士の教養として普及。井伊もその影響を受け、天皇を尊び、神聖なる国土を諸外国から守るべきだと考えていた。

では、国学を支持していた井伊が開国路線に転換したのはなぜか？　それは、**幕府の方針が開国路線で固まっていた**からである。

通説では、幕府がアメリカの圧力に負けて開国に踏み切ったといわれるが、実情は少々違う。清国を侵略していたイギリスへの警戒感から、幕府は対米交渉に前向きだったし、交渉の際に幕府の担当者はアメリカ側の示威行為に押されず、逆に論破することもあった。

そもそも、通商条約の交渉に先立ち、幕府は全国の大名から意見を募り、大半の大名から賛同を得ていた。これを背景として幕府はアメリカと交渉を進め、1857年末には貿易港や関税率に関して協議。翌年3月を目処《めど》に条約を調印することを決めている。

注意すべきなのは、この交渉に井伊自身が参加していないということだ。井伊が大老に就任したのは、調印予定から1カ月が過ぎた安政5（1858）年4月。井伊は幕府の路線を踏襲したに過ぎない。

それに井伊は幕府の決定に従いつつも、条約の締結は天皇の勅許を待ってからでも遅くはないと慎重な立場を取った。それでも、若年寄の本多忠徳《ほんだただのり》を除いた全員が井伊の意見に反対したことや、

孝明天皇（左）と公家のひとり中山忠能（右）。条約調印を求める堀田らに激しく反発した。

締結反対派の孝明天皇が一向に動かなかったことで、慎重論が受け入れられることはなかった。

その後の展開はよく知られている。井伊はアメリカが痺れを切らす前に調印するのが得策と判断し、天皇の勅許を得ずに「日米修好通商条約」を調印。この調印強行に激怒した孝明天皇が幕府の責任追及と攘夷遂行を求める密勅を諸藩に発布すると、井伊は関係した人物の処罰を開始した。この「安政の大獄」と呼ばれる弾圧によって、多くの攘夷論者が処罰された。

のちに紹介するとおり、現在では通説のような大弾圧ではなかったという意見もあるが、多くの志士が井伊憎しの思いを共有していたことに変わりはない。西郷隆盛ですら、井伊の一周忌には「嬉しすぎて朝から晩まで飲みすぎた」と大久保利通に手紙で語ったほどだ。維新後はこうした**薩長目線の悪評が独り歩きし、「高圧的な開国推進者」というイメージが定着していった**のである。

10
吉田松陰は冷静な判断を下す現実主義者というのはウソ

通説

浦賀沖に突如現れた黒船から列強の脅威を感じ取った長州藩士・吉田松陰《よしだしょういん》。その松陰がのちに開いた私塾が、「松下村塾《しょうかそんじゅく》」である。身分を問わず入塾できる松下村塾には多くの人材が集《つど》い、自由に国の行く末を議論しあった。現実的で先を見据えた考え方に塾生は影響を受け、後に明治政府の中核となる人物も多数いた。松陰は幕府に処刑され、明治の世を見ることができなかったが、その志によって明治維新の礎を築いたのである。

松陰が祀られている東京都の松陰神社

真相

松陰は松下村塾の創設者ではなく、主宰者だった。松下村塾を開いたのは松陰の叔父である。また、松陰は**理想主義に燃えるあまり短気で無鉄砲になることもあり、生徒から諌められることもあった。**

松下村塾の「主宰者」

幕末の長州に、日本を動かす逸材をわずか2年で十数人も輩出した私塾があった。それが松下村塾だ。塾を指導したのは、吉田松陰である。

幼いころから神童と謳われた松陰は、22歳ごろから修行のため全国を旅していた。この旅の途中に浦賀でペリー艦隊を目撃したことで、日本と列強の実力差を痛感。西洋文化を学ぶための密航が失敗すると、故郷の長州で私塾「松下村塾」を開き、優秀な人材を育てて明治維新の礎を築いた。ドラマや小説などでは、そんな風に紹介されることが多かった。

しかし実際には、松下村塾を開いたのは松陰ではない。松陰には玉木文之進《たまきぶんのしん》という叔父がいて、教育熱心なことで有名だった。この叔父が天保13（1842）年に松本村で開いた私塾が、松下村塾なのである。塾は文之進の引越しに伴い閉鎖したが、引越し先にいた母方の叔父の久保五郎左衛門が塾名を引き継ぎ、自分の塾を松下村塾と改名。これを松陰が継いで自分の塾としたのだ。これらは松陰本人が『松下村塾記』で明らかにしているが、一般的には「松陰が教えた塾」＝「松陰が開いた塾」と思われることが多かったようだ。

ただ、塾の教育内容については、松陰オリジナルの要素が多かった。政治や歴史の講義はもちろん、塾生の資質にあった個人カリキュラムをつくり、塾生同士に時事問題に関する議論を促すなど、現代でも通用する教育システムを用意していた。

とはいえ、塾生たちを教える松陰も20代の若者だった。維新後は教え子たちによって顕彰《けんしょう》され、功績ばかりが強調されてきたが、**史料を見る限り、年相応の短慮さも抜けきっていなかった。**

松陰が塾頭を務めていた1850年代後半は、幕府と協力して列強に対抗するという意見が主流を占めていた。しかし、尊王攘夷論者だった松陰は、幕府を打倒して日本を改革することが急務だと考え、速やかな改革のためなら武力行使も否定しなかった。塾生には開国派の幕府重臣・間部詮勝《まなべあきかつ》の打倒を主張し、安政5（1858）年には長州藩に武力蜂起を直訴している。

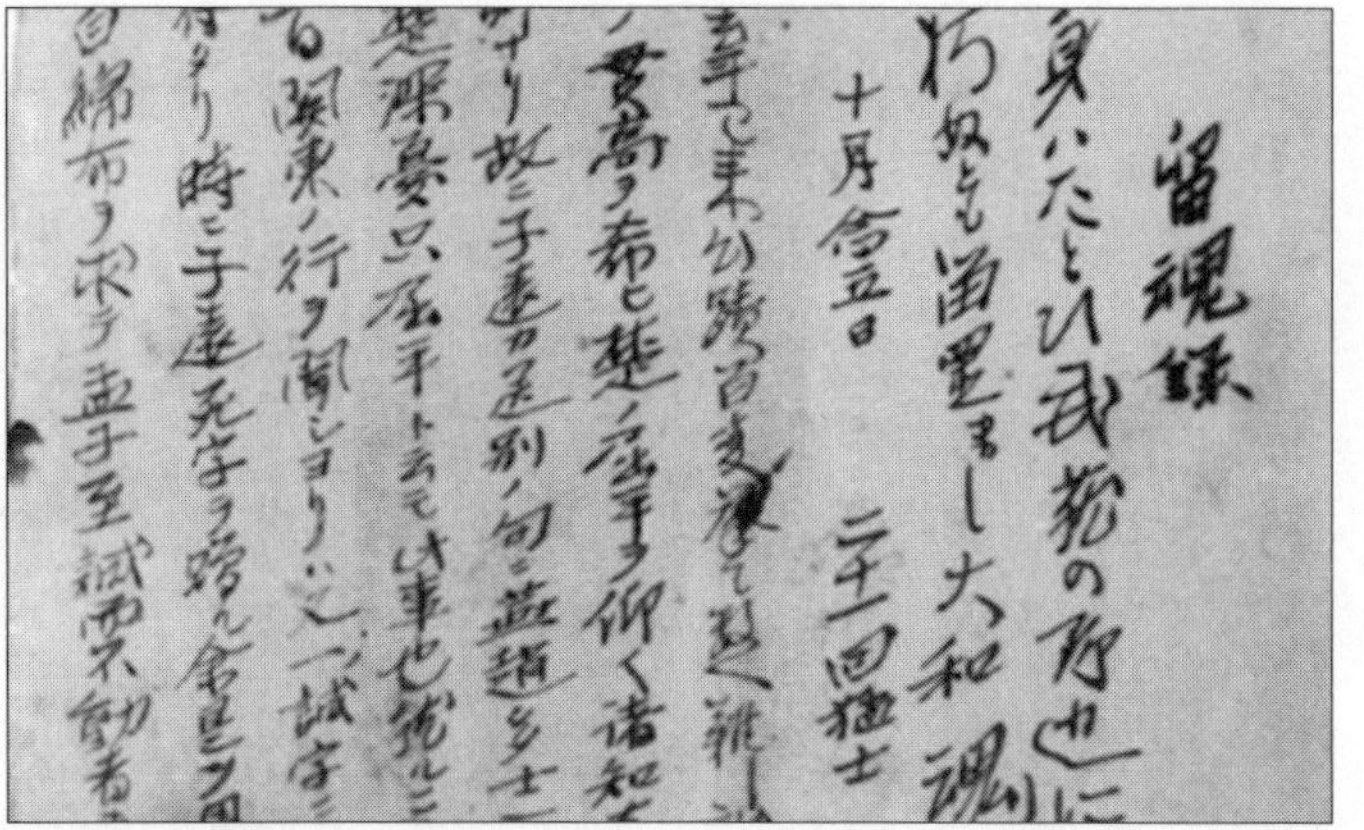

吉田松陰が処刑される前に獄中で記した『留魂録』。弟子たちに宛てて書かれた。

だが、**塾生の間でも松陰の現実性に乏しい過激な意見を疑問視する声はあった**。のちに反幕姿勢を強める高杉晋作ですら、「時期が早い」と諫めていたほどだが、松陰は「私は天皇への忠義に殉じるつもりなのに、君たちは出世のことしか頭にない」と聞く耳を持たなかった。

結局、弟子たちが心配した通り、藩上層部は松陰の過激な思想を危険視し、彼を投獄した。のちに釈放されるものの、安政６（１８５９）年には尊王攘夷派と交際していたという疑惑で江戸に移送されている。

このとき、大した証拠はなかったため、無罪になる可能性は十分あった。しかし、松陰は直情的だった。間部襲撃計画を自ら暴露してしまったのだ。

取り調べを通じて自分の意見を幕府上層に届けようとしていたとも考えられているが、幕府が耳を傾けることはなかった。こうして松陰は満29歳の若さでこの世を去ったのである。

11 島津斉彬が幕府に対抗するために近代化を促進したというのはウソ

通説

薩摩藩主・島津斉彬《なりあきら》は、幕末を代表する名君として名高い。危機的状態の藩財政を立て直し、西洋技術の導入を奨励。西郷隆盛や大久保利通などの下級武士を抜擢して内政を強化し、幕府に対抗する力を蓄えて、幕政にも影響を与えた。西郷ら優秀な志士たちを育てた功績から「維新の父」と呼ばれ、藩士や領民からも慕われる藩主だった。

島津斉彬が主導した近代化事業の工場群。明治維新後の1872年に撮影された。

真相

斉彬の行動は**幕府の復権と藩の発展が目的**で、幕府打倒は目指していなかった。また、西郷らには慕われていたものの、藩内には斉彬が藩主に就任する前から敵対する勢力もあり、そうした勢力への配慮も見せなければならなかった。

幕府第一だった維新の父

偉人に異名はつきものだが、それが必ずしも本人の性質を正しく表現しているとは限らない。幕末の薩摩藩主・島津斉彬はその一人である。

西郷隆盛や大久保利通など、のちに明治政府高官となる志士を抜擢し、西洋技術を導入して薩摩の近代化を図ったことなどから、斉彬は「維新の父」と呼ばれてきた。黒船来航前後から、製鉄用溶鉱炉や反射炉、国産洋式軍艦の建造など、明治時代を先取りするかのような政策を行っていたのだから、そう評価されるのも無理はない。しかし実際には、斉彬は一度も「維新」を目指して活動したことはなかった。

斉彬は、朝廷と幕府の結びつきを強める「公武合体派」の代表的な人物だった。藩の工業化と人材の抜擢によって斉彬が目指していたのは、幕府の復権と薩摩の強大化である。つまり、将軍家に弓引くつもりはまったくなかったのだ。

徳川御三卿《ごさんきょう》のひとつ一橋家から正室をもらい、親幕府派と関係を持っていたように、**斉彬は藩主になる前から幕府寄りの立場だった**。藩主になると、老中・阿部正弘を通じて幕府内での発言力を強化。養女の篤姫《あつひめ》を13代将軍家定《いえさだ》に嫁がせて、将軍家との間に太いパイプをつくった。藩で建造した洋式軍艦にしても、薩摩のためには使おうとせず、幕府に献上して昇平丸という名前がつけられている。もしも幕府寄りの斉彬が死なずに藩主であり続けていたら、薩摩藩が討幕に舵をきることは、できなかった可能性もある。

そんな斉彬とは対照的に、**前藩主斉興《なりおき》は洋学に基づく政策に反発していた**。斉興の先代重豪《しげひで》が洋学に傾倒して多額の借金を抱え、藩財政が崩壊寸前にまで追い込まれていたからだ。

経済官僚の調所広郷《ずしょひろさと》が500万両（現在の価値で約5000億円）の負債を無理やり解消したことで、薩摩藩は財政破綻寸前の状態からなんとか救われていた。だが、このトラウマから**斉興は洋学好きの斉彬ではなく庶子である久光を後継ぎにしようと考え、その実現に向けて調**

調所広郷（左）は薩摩藩の財政難を解消した重臣。島津斉彬（右）ではなく、その弟の島津久光が藩主に就任することを望んでいた。

所や側室のお由羅と画策していたのである。藩上層部も斉彬への警戒感を抱いていたため、調所らの工作で久光が藩主に就任する可能性は、十分にあったといえるだろう。

しかし、斉彬はこの状況を、強硬策によって切り抜けた。調所が財政健全化のために実施した経済政策には、贋金《にせがね》作りや琉球を通じた密貿易など、幕府に禁じられた行為も多かった。そこに目をつけた斉彬は、**老中の阿部と結託して幕府に調所の行いを密告した**のである。

調所は江戸に召喚され、厳しく追及を受けた。そして斉興をかばうためか、責任をかぶって服毒自殺を図っている。

その後、斉興は斉彬の側近を切腹させて挽回を試みたものの、最終的には将軍家による命令で隠居させられた。このような壮大なお家騒動を経験して、斉彬はやっと藩主の座に就くことができたのである。

12 松平容保が新政府との開戦を望んでいたというのはウソ

通説

江戸城が開城しても、一部の藩は新政府への恭順を拒んでいた。急先鋒となったのが、会津藩主の松平容保《まつだいらかたもり》である。会津藩は代々徳川家との繋がりが強い佐幕派の代表格。容保は幕府への忠誠心から、新政府の支配を拒絶した。そして、奥羽越《おううえつ》列藩同盟と共同して新政府軍と戦うことを決断し、慶応4（1868）年4月から始まる会津戦争の指揮をとったのだった。

松平容保（左）とその弟で桑名藩主の松平定敬（右）。両藩とも佐幕派の筆頭だった。

真相

容保は徳川慶喜の意志に従い、**早々に新政府への恭順を決めていた**。それでも会津で戦争となったのは、抗戦を主張する旧幕臣を止めきれなかったことと、新政府側が最初から会津を討伐しようと決めていたからである。

汚名を着せられた会津藩

江戸城を開城して幕府は新政府に恭順したが、旧幕軍と新政府軍の戦いはすぐには終わらず、その後1年以上も続くことになる。この戦いの主導者としてよく挙げられるのが、会津藩主・松平容保だ。

会津松平家は、徳川家康の孫・保科《ほしな》正之《まさゆき》を始祖とし、徳川家の家紋である葵紋の使用を許された、東北きっての名門である。容保は尾張徳川家の分家から養子として会津に入った人物で、徳川家とのゆかりは深い。

文久2（1862）年には幕府より京都守護職に任命され、悪化する京の治安改善を担当。容保は自ら兵を率いて上洛し、攘夷志士を積極的に摘発した。また、弟の桑名藩主・定敬《さだあき》と御所の護衛役トップだった一橋慶喜とともに京都政局をとりしきり、攘夷派をけん制。「八月十八日の政変」や「禁門の変」で長州藩排除に貢献した。そうした幕府への忠誠心から、慶喜が恭順しても容保は新政府との戦いを続行した、というのがこれまでの定説だった。

しかし実際のところ、容保は江戸開城後に、すぐ恭順の意を示していた。**将軍である慶喜が新政府に従う意思を示していたため、その決断を重んじた**のだ。宗家の尾張藩や土佐藩の前藩主・山内容堂など新政府とのパイプを持つ諸大名を通じ、幾度も敵対心がないことを伝えていた。

それでも、会津藩が最後に選んだのは、新政府との戦いだった。というのも、江戸開城後も旧幕軍の戦力は強大で、東北に逃れた佐幕派や容保の家臣には、徹底抗戦を主張する者も多かった。**容保は、これら旧幕派を抑え込むことができず、開戦やむなしの状況に追い込まれていった**のである。

それに幕府が恭順したといっても、新政府はそれを認めようとはしなかった。前述のように、会津藩は京都守護職として多数の志士を処罰し、禁門の変では長州藩の攘夷遂行を阻止していた。長州藩からすれば、怨敵そのものである。鳥羽伏見の戦い後には仙台藩に会津攻撃を命令するための参謀を派遣するなど、具体的な行動に移ってもいた。

薩摩藩や他藩にしても、最大の佐幕派である会津藩を野放しにすれば、旧幕派のよりどころとな

会津藩の居城だった会津若松城（鶴ヶ城）。陸軍の施設となったのち解体された。

る懸念があり、先述のとおりその予想は的中している。

そんな中、仙台藩に派遣された長州藩参謀・世良修蔵《せらしゅうぞう》は、会津を擁護する奥州諸藩の意見をことごとく無視。攻撃中止の絶対条件として、容保の処刑を突きつけた。

こうなっては感情的になるのも無理はない。激怒した仙台藩士が世良を暗殺したことをきっかけに新政府への反感が東北中に広まり、慶応4（1868）年5月6日、東北諸藩が集まって奥羽越列藩同盟を結成。容保は戦争を決断するしかなかった。

こうして5月ごろより新政府軍と列藩同盟による「会津戦争」は開戦した。しかし、会津軍は財政難によって近代化が遅れ、兵装の大半が刀剣のまま。約1万人の会津軍は各地で敗走を重ね、熾烈《しれつ》な篭城戦の末、9月22日に容保は降伏を決断した。いかに封建制の世の中とはいえ、**藩主の一存で藩の行く末を決めることは、不可能だったのである。**

13

岡田以蔵は佐幕派を単独で暗殺したというのはウソ

通説

岡田以蔵《おかだいぞう》は、幕末に多数の佐幕派を暗殺した人斬りである。土佐藩の貧しい家に生まれた以蔵は、満足な教育が受けられずに教養のない粗野な人物に育った。しかし、武者修行で培った剣術の腕は超一流。その腕に目をつけた武市半平太《たけちはんぺいた》の勧めで土佐勤王党《とさきんのうとう》の一員となり、「天誅《てんちゅう》」と称して幕府関係者を次々と暗殺していった。その圧倒的な強さから、現在でも以蔵を最強の暗殺者だと評す声が少なくない。

高知駅前にたつ武市半平太・坂本龍馬・中岡慎太郎の像。龍馬と中岡も土佐勤王党に参加している時期があった。岡田以蔵も参加して幕府関係者などを暗殺していた。

真相

以蔵は貧しい家柄の出身ではなく、武市や龍馬と同じ郷士（下級武士）だった。教育が受けられなかったというのは誤りで、人並み程度の教養は身につけていたとされている。**暗殺にしても以蔵の独断だったのではなく、大半が同志と相談のうえで行っていた。**

計画的作戦の天誅

幕末の京では、過激な志士が「天誅」と称して佐幕派を暗殺する事件が相次いでいた。文久2（1862）年7月に薩摩藩士が島田左近《さこん》を暗殺したことがその始まりだといわれ、以降、幕臣や役人、要人の愛人や商人までもが殺されたという。

天誅に及んだ者は数多くいたが、特に有名なのは、司馬遼太郎が描いた『人斬り以蔵』の主人公・岡田以蔵だ。

貧しい家に生まれたことからまともな教育が受けられず、尊皇攘夷思想を理解することはできなかったが、その剣技が武市半平太に高く評価され、勤王党の暗殺者として暗躍した――。テレビドラマでは、このような人物として描かれることが多い。

しかし、**「貧しい無学の剣豪」という姿は後世の創作**である。実際の以蔵は富裕農家を始祖とする家柄で、特別貧しくはなかった。父の方針で漢学者に師事したことがわかっているので、少なくとも一般の郷士と同等の教育機会に恵まれていた。

武市の誘いで勤王党に入り、多くの人間を斬殺したのは事実だが、この行動は勤王党の方針に基づいていた。**大半の暗殺は組織的な行動であり、実行前には念入りに打ち合わせをしていた**のだ。例えば以蔵が初めて暗殺に参加した際は、以蔵以下6人で事前に密議を行っていた。京において本間精一郎を暗殺した際も、4日をかけて綿密に打ち合わせをしている。血気にはやる者が突発に殺人を犯すこともあったが、基本的には幕府の力を削ぐため、勤王党は組織的に暗殺を謀っていた。

暗殺が計画的だった以上、その標的も自ずと限られることになる。主な標的となったのは、佐幕派の公家の家臣や攘夷志士を積極的に取り締まる役人など。天誅のターゲットとなって裸で晒《さら》しものにされた平野屋寿三郎、煎餅屋半兵衛という商人はいるが、二人は命までは奪われなかった。

もちろん、度重なる暗殺行為は、幕府を刺激した。当初は尊王攘夷派から反発を受けないよう消極的な態度をとったが、文久3（1863）年2月に一橋慶喜の宿舎に生首が置かれる事件が起き

土佐勤王党の武市半平太（左）と武市が暗殺を命じた吉田東洋（右）。以蔵は東洋暗殺と無関係だったが、土佐勤王党が暗殺に関与したことを証言させるために拷問を受けた。

ると、ようやく取り締まりに本腰を入れはじめた。後に新選組が誕生することになり、京市中の治安改善が掲げられるようになるのである。

このような状況の中、以蔵は武市と仲違いをして組織を出奔すると、暗雲が立ち込めることとなる。勤王党は勢いを失って関係者がぞくぞくと捕まり、武市も獄中に入れられた。元治元（1864）年2月には以蔵も京の二条東洞院近辺で捕縛され、土佐藩へと引き渡されて勤王党の情報を吐くよう拷問を受けてしまう。

これによって、**以蔵は勤王党の情報を次々と自白**した。慌てた武市らは以蔵を毒殺することを計画したが、以蔵の実家から賛同を得られずに断念している（「毒入り弁当を以蔵に食べさせたが効かなかった」という逸話が有名だが、これは司馬遼太郎の創作）。最終的に武市と以蔵を含む5人が処刑され、土佐勤王党は壊滅。彼らの計画的暗殺も、ここに幕を閉じることになった。

14 板垣退助が議会制を目指して下野したというのはウソ

通説

土佐藩士・板垣退助は、薩長の専制を目の当たりにしたことで、日本の近代化には議会制が必要だと悟った。維新後に政府から離れて国会の開設を目指し、「自由民権運動」を展開。それが実を結び、明治23（1890）年に帝国議会開設を実現することができた。暴漢に刺されたときに発した「板垣死すとも自由は死せず」の一言は、まさに板垣の自由への信念が凝縮された名言である。

板垣退助。左は30歳ごろ、右は50歳ごろの写真。

真相

板垣は軍内で将校として出世することを望んでいたが、**権力闘争に敗れてやむなく民権運動家への道を歩んだ。**「自由は死せず」の名言も、実際は板垣の発言ではない。

軍人になりたかった板垣

明治維新後の日本政界では、薩長の有力者が主要ポストを公然と牛耳っていた。これに対し、前時代的な体制では西洋列強に太刀打ちできないと不安を抱き、日本でも議会を開設しようと働きかけたのが、自由民権派と呼ばれる人々だ。その代表的人物が、板垣退助である。

板垣たちが推進した運動は自由民権運動と呼ばれ、天下公論に基づく政治を求める出来事として、歴史教科書に登場することも多い。特に板垣は愛国公党を設立し、明治国会の開設を求める意見書を政府に提出するなど、明治初期の政治運動を代表する人物として、高く評価されることもある。

そんな板垣が政治家志望でなかったと聞いても、すぐには信じられないかもしれない。だが幕末の板垣は、政治家というよりは、軍人としての活躍が目覚ましかった。

薩長の武力討幕を支持していた板垣は、慶応4（1868）年に「迅衝隊《じんしょうたい》」を結成した。東山道《とうさんどう》先鋒《せんぽう》総督府参謀として自ら部隊を指揮すると、戊辰戦争では常に最前線で活躍。宇都宮城の奪還成功などの戦果を多数残し、日光では旧幕軍と交渉して東照宮から撤退させている。新政府軍で最大級の戦果を挙げた生粋の軍人であり、維新後には軍事を統括する兵部省《ひょうぶしょう》のトップ就任が確実視されていた。

では、そんな軍人気質の板垣が自由民権運動の活動家へと転向したのはなぜなのだろう？　答えは単純で、**薩長との権力争いに敗れた**からだ。

板垣は兵部省の実権を握る兵部大輔《たいふ》の地位を望んでいたが、希望はなかなか叶わず、2代続けて長州藩出身者が就任していた。3代目でようやく板垣が候補にあがったものの、長州藩の反対工作にあって白紙化してしまう。また、朝鮮への軍事行動を説いたが大久保利通らの反発で潰えてしまい、軍事的なイニシアチブを発揮する機会に恵まれない状態が続いていた。

結局、板垣は希望を叶えることができないと覚り、新政府に見切りをつけた。その後に土佐へ下野して政治結社の立志社を結成。自由民権運動を開始している。

とはいえ、板垣らの活動で国会開設の機運が高まったのは事実だ。地主層を中心に運動は全国に

岐阜事件を描いた錦絵。右端で堂々とした態度を示しているのが板垣退助。（アジア歴史資料センター提供 ／ 国立公文書館所蔵）

広まり、板垣は自由民権運動の旗手とみなされるようになっていた。そんなときに起きたのが、岐阜事件である。明治15（1882）年4月6日に岐阜で演説を終えた板垣が、反対派に刺された出来事だ。

この事件で板垣が発したという一言が、有名な「板垣死すとも自由は死せず」だ。板垣の信念を表す名言として知られているが、実は板垣本人の言葉ではない。**事件現場は非常に混乱していたので、誰が何を発言したかはわかっていない**のが現状だ。

それでも、自由民権派の運動家や新聞は、この事件を大々的に宣伝した。そのかいあってか国会開設は実現し、板垣らの活動が実を結んでいる。

板垣が希望通り将校となっていれば、戦争史に残る名将となっていただろう。しかしそうなっていた場合、自由民権運動の展開が遅れ、薩長の藩閥体制はより強固になっていたかもしれないが。

アヘン戦争における海戦の様子。イギリス海軍の攻撃で清国のジャンク船が破壊されている。この戦争で清国がイギリスに敗れたことに幕府は危機感を覚え、開国を模索するようになっていく。

第二章

事件にまつわるウソ

15 ペリー来航が開国の決定打というのはウソ

通説

鎖国の影響で海外情勢に疎かった江戸幕府にとって、黒船来航は予想外の出来事だった。浦賀湾に現れたペリー艦隊は、圧倒的な武力を盾に、アメリカ大統領の国書受け取りを幕府に要求。準備不足の幕府にこれを拒むすべはなく、ペリーの要求に屈して国書を受け取ったのである。

久里浜の応接所へ向かうペリー一行

真相

ペリーが来る10年以上前からアメリカ船は日本に頻繁に来航しており、幕府に通商を求める船団も訪れていた。イギリス船やロシア船の来航も増えていたため、幕府はオランダや清国を通じて海外の情報を精力的に収集。こうした情報によって、幕府は黒船来航に備えて対策を練り、**有力老中の間ではすでに開国を検討する段階にまでなっていた**。

予想されていたペリーの来航

鎖国を続けた日本に突如ペリーが来航して、幕府は慌てふためき開国を強要された。黒船来航に接した幕府の対応を、そのように捉えている人もいるかもしれない。しかし、そうしたイメージは明治時代以降につくられたもので、実際には、幕府はペリーがやってくることを事前に察知していた。

情報を提供したのは、オランダである。オランダは、長崎の商館を経由して幕府にペリー来航を警告。アメリカ使節がやってくる1年も前に幕府に警戒するよう呼びかけ、ペリーの年齢や乗組員の人数まで伝えていた。

また、ペリーが来日前の嘉永《かえい》6（1853）年5月26日に琉球王国へと上陸していたことも、幕府は把握していた。琉球との貿易権を得ていた薩摩藩から報告があったためだ。6月3日にペリー一行は浦賀に到着するが、すでに幕府にとって、このペリー来航は周知の事実だったのである。

そもそも、日本に開国を求めたのはペリーが初めてではない。**すでに黒船来航の半世紀以上前に、日本と通商交渉をした外国がいくつかあった**。

最初に交渉を求めた国は、ロシアである。ロシア船は蝦夷地《えぞち》に来航して通商を要求したが、対応した松前藩はこれを拒否している。この出来事が起こったのは安永7（1778）年のことである。

もちろん、これで外国船の来航が減ることはなかった。むしろ、アジアに市場を拡大するため、エネルギー源の鯨油確保を狙うため、欧米諸国の船舶は、日本近海に頻繁に出没するようになっていく。文政8（1825）年には武力による外国船撃退を許可する「異国船打ち払い令」で海防強化を狙ったが、この令は1842年に緩和され、物資を与えて穏便に帰国を促すようになっている。

ペリー来航の7年前にはアメリカ海軍のビッドル提督の艦隊が浦賀湾に来航し、大統領の親書受

黒船来航時に老中首座だった阿部正弘（左）。アメリカ海軍のビッドル（右）が通商を求めた際には、鎖国を理由に拒否した。

け取りを求めるなど、のちにペリーが行うこととよく似た行動をとっている。**こうした経験から、再び交渉役が来ることを、幕府は容易に想像できただろう。**

幕府が開国を決断したのはペリーとの交渉後だが、弘化2（1845）年9月に老中首座となった阿部はその何年も前から開国はやむを得ないと考えていた。

アメリカ船が漂流民の受け渡しで訪日した際に将軍を説得して浦賀湾への入港許可を出しているように、黒船来航の8年前には方針を固めていたものと思われる。海外を意識して、海岸防禦御用掛《かいがんぼうぎょごようがかり》を常設機関として設置して外交・国防政策を強化し、開明派の大名や幕臣の意見を容《い》れるという柔軟な対応もとっている。

ペリーが来日すると、上層部の対応は冷静だった。徳川斉彬の支持を取り付けて国書を受け取り、半年後の再来航でも国内世論の統一を図りながら交渉団を指導。条約締結がスムーズにいくよう力を尽くしたのである。

16 アメリカとの交渉に幕府が弱腰だったというのはウソ

通説

列強各国が途上国に使った外交手段として、「砲艦外交」がある。強力な艦隊による威圧をもってターゲットにおどしをかける方法で、ペリー艦隊による日本への態度が、まさにその典型例だ。ペリー艦隊は、江戸湾内に入ると空砲によって日本側を威嚇し、交渉の場では「我々には100隻の艦隊で攻撃する準備がある」と幕府を恫喝。こうした強硬手段に幕府は屈し、一方的な要求を受け入れる弱腰な姿勢を見せてしまった。

ペリーと幕府の交渉の様子

真相

アメリカの砲艦外交はあまり効果をあげることができず、むしろ日本の交渉団は冷静に対米交渉を進めていた。交渉団が恫喝するアメリカ側に怖気づくことはなく、逆にペリーやハリスを翻弄して、条約を修正させることすらあったのである。

主導権を握る幕府交渉団

幕末の日本が鎖国政策から転換して列強各国と国交を樹立したのは、ペリーやハリスによる恫喝、すなわち砲艦外交がきっかけだった――。学生のころ、そんな風に習った方もいるかもしれない。だが前項で紹介した通り、アメリカ側の砲艦外交は、幕府に対してあまり効果を発揮していなかった。

ペリーから国書を受領したのち、老中・阿部正弘はアメリカの再来航に備えて交渉人の選抜・育成を進めていた。このとき阿部が選んだ交渉人に、**林大学頭（林復斎）**という学者がいる。林は儒家のトップで、高い知性と広い見識を評価されて対米交渉の日本側全権委任に選ばれた。この林こそが、ペリーを交渉で打ち破った男である。

ペリーと幕府が交渉したのは、嘉永7（1854）年3月のこと。林はアメリカが求める漂着民の保護と物資補給には応じたが、交易は拒否している。するとペリーは林を、こう恫喝した。

「人命第一の我が国とは違い、貴国は船を無差別に攻撃し、漂流民すら罪人同然に扱う。態度を改めぬというなら、我々には100隻の軍艦で攻撃する用意がある」

しかし林は動じず、日本が200年以上も平和が続いた人命尊重の国であることや、打ち払い令は廃止済みで、漂流民は穏便に送還していることを淡々と説明してペリーの主張を一蹴《いっしゅう》した。

さらには、「日本は外国の品がなくても十分だし、そちらは人命が第一と申したのに、なぜ関係ない交易の話をするのか」と反論。交易要求を撤回させると、5港の開港要求には、「昨年の書簡に地名が指定されていない」として下田と箱館の2港だけとなった。

普通なら、軍艦を引き連れている相手にこうも強気に出ることはできないだろう。しかし、**幕府はペリーが軍事力を行使しないことを事前に知っていた**。

実は、アメリカは東アジアへの進出が遅れていたことから、先行していたロシアやイギリス、フランスよりも早く日本と通商条約を結びたいと考え、日本に刺激を与えることを控えていた。また、

通商条約交渉のアメリカ側の代表ハリス（左）と日本側代表の岩瀬忠震（右）

そもそも当時のアメリカに100隻の艦隊を派遣できるような力はなく、ペリーの脅しはハッタリだった。

　こうした情報を幕府は事前に収集していたことから、条約交渉に毅然とした態度で臨むことができたのである。

　また、時代の趨勢からアメリカと通商条約を結んだものの、幕府は黙って要求を聞き入れたわけではなかった。

　通商条約の交渉は、安政3（1856）年夏、アメリカ総領事のハリスと岩瀬忠震《ただなり》・井上清直《きよなお》の間で始まった。

　ハリスの日記には、自分がいかに条約締結に功績があるかが記されているが、日本側の記録をみると、別の事実が浮かび上がってくる。外国人の自由旅行を求めるハリスに対し、幕府側は攘夷の危険を訴え、行動範囲を開港地周辺へと限定。**条約の草案は修正に修正を重ね、問題なく同意されたのは前文のみ**という有様だった。のちにハリス本人も「真っ黒になるほど訂正させられた」と語っており、対日交渉にどれほど苦労したかがよくわかる。

17 日米修好通商条約が過酷な不平等条約というのはウソ

通説

アメリカとの交渉で締結された「日米和親条約」と「日米修好通商条約」は、日本にとって圧倒的に不利な取り決めだった。アメリカに有利な関税率が決められ、さらには治外法権が認められて自国人を守ることができるなど、日本の主権を制限する条約だった。江戸幕府はアメリカの武力に屈し、及び腰で交渉するという失策を犯したのだった。

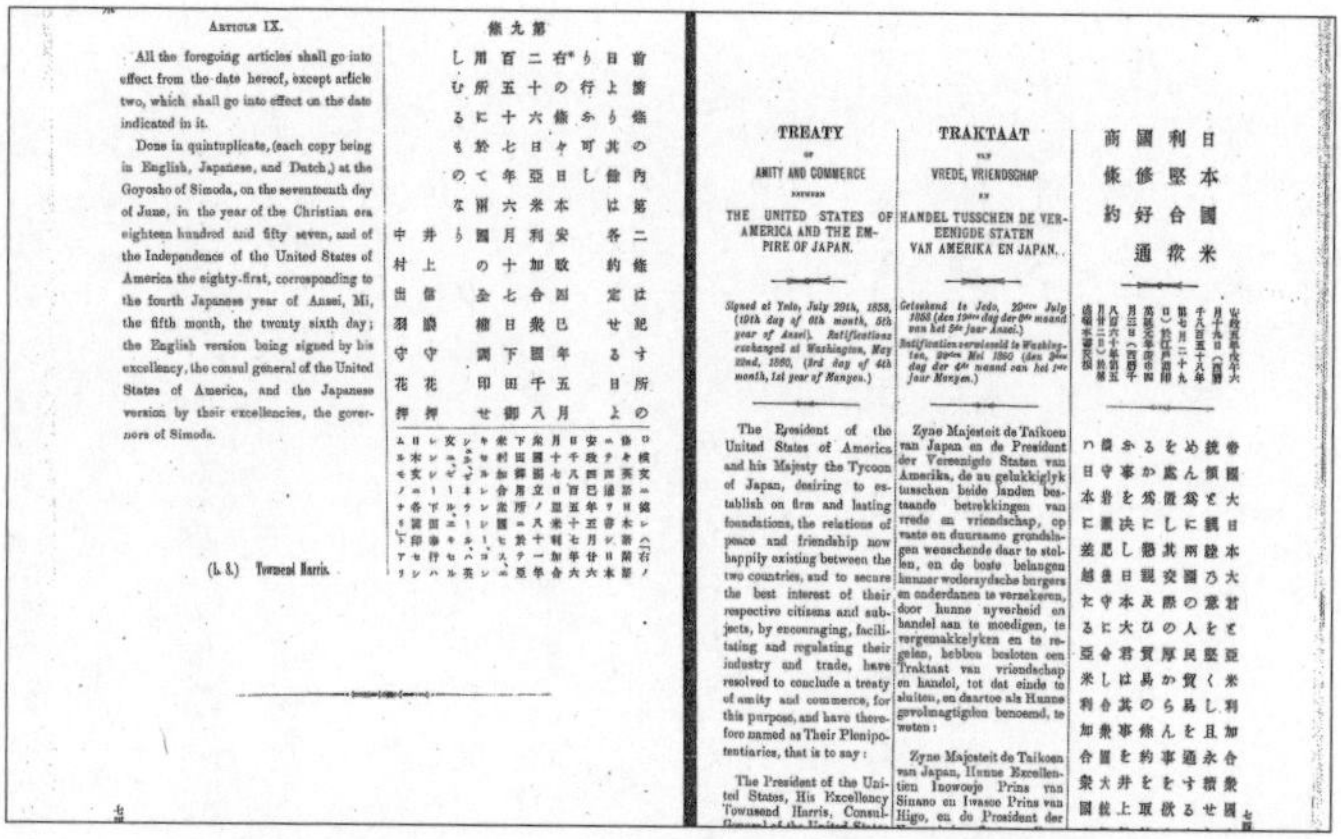
ARTICLE IX.

All the foregoing articles shall go into effect from the date hereof, except article two, which shall go into effect on the date indicated in it.

Done in quintuplicate, (each copy being in English, Japanese, and Dutch,) at the Goyosho of Simoda, on the seventeenth day of June, in the year of the Christian era eighteen hundred and fifty seven, and of the Independence of the United States of America the eighty-first, corresponding to the fourth Japanese year of Ansei, Mi, the fifth month, the twenty sixth day; the English version being signed by his excellency, the consul general of the United States of America, and the Japanese version by their excellencies, the governors of Simoda.

(L. S.) Townsend Harris.

TREATY OF AMITY AND COMMERCE BETWEEN THE UNITED STATES OF AMERICA AND THE EMPIRE OF JAPAN.

TRAKTAAT VAN VREDE, VRIENDSCHAP EN HANDEL TUSSCHEN DE VEREENIGDE STATEN VAN AMERIKA EN JAPAN.

日本國米利堅合衆國修好通商條約

日米修好通商条約の条文（『締盟各国条約彙纂』国会図書館所蔵）

真相

日本にとって不利な面はあったものの、他のアジア諸国が欧米と結んだ条約と比べると、両条約はマシだった。**幕府が粘り強く交渉しているうちに、本国の政治情勢が変化したことで、アメリカも譲歩せざるを得なくなっていた**からだ。結果的に、日本はアジアでは珍しく、列強との全面戦争を経験せずに条約を締結することができた。

他国より格差は小さかった不平等条約

日米修好通商条約は、不平等条約として有名だ。これまでは、日本に関税の決定権がなく、外国人を国内法で裁く権利が認められないため、アメリカに有利な条約であるとして、幕府の外交は批判されてきた。

しかし近年では、幕府は国力が劣りながらも交渉を尽くし、アメリカをうまく譲歩させたと評価されるようになっている。むしろ、最初の交渉相手がイギリスではなくアメリカだったことは、日本にとって幸運だったという評価もある。

実は**日本とアメリカが結んだ条約は、海洋大国イギリスからすれば、不満が残る内容だった**。外交官以外の在留アメリカ人は居留地外の行動を制限され、アメリカ人商人は満足のいく活動ができなかったからだ。

また、この条約ではイギリスが中国へ密輸して莫大な利益を上げていたアヘンの輸入も禁止されている。意外に思うかもしれないが、これはアメリカの交渉役であるハリスによる提案である。

アヘンの巨大な栽培場を持たないアメリカからすれば、アヘン取引に魅力はない。それならアヘン輸入禁止を交渉のカードとして通商条約を結べばいいと、ハリスは考えていた。折しも、清国がイギリス・フランスとの戦争に敗れてアヘン取引を公式に認めさせられたばかりであったため、ハリスの提案は日本にとって悪いものではなかった。

この他にも、日本側に居留地の建築物を検分する権利が与えられたり、アメリカが日本と諸外国の外交問題に仲介することが規定されたりと、日本側に配慮した取り決めがあった。また、関税は5%と決められてはいたものの、品物によっては35%までの高関税が許されていた。

一方で、アジア各国が列強と結んだ条約は、はるかに厳しかった。清国はアヘン戦争に敗れたことで、1842年にイギリスと「南京条約」を結んだ。これによって、外国貿易を独占していた中

イギリスの軍艦コーンウォリスにおける南京条約締結時の様子

国人商人団が廃止されて交易が自由化した他、香港の99年間譲渡が決定。翌年の追加条約では領事裁判権と関税自主権の放棄が正式に決まった。

シャム国（タイ）は関税が日本よりも低い一律3％で、のちにフランスと武力衝突し、領土の一部を喪失。ビルマ（ミャンマー）にいたっては英国との度重なる戦争で、植民地となっている。

また、日米修好通商条約には13条で1872年には条約を改正できる条項が設けられていたものの、**南京条約のように条約改正に関する具体的条文がないことも、他のアジア諸国の場合は多かった**。

このようなアジア諸国と違い、日本は欧米列強との戦争を経験することなく条約を結ぶことができた。日本も不平等条約によって経済的・政治的に苦しんだが、他のアジア諸国に比べたらまだ「マシ」なものだったといえるだろう。

18 幕府が条約調印後に列強の言いなりになったというのはウソ

通説

260年以上も国を鎖していた江戸幕府にとって、黒船来航を境に外国と始まった開国交渉は、苦難の連続だった。オランダ、清、朝鮮との交流しかない幕府は外交下手であることを露呈し、狡猾な列強の交渉術に翻弄された。条約の内容は列強の意志に即したものとなり、外交交渉において幕府は失態を晒すだけに終わってしまった。

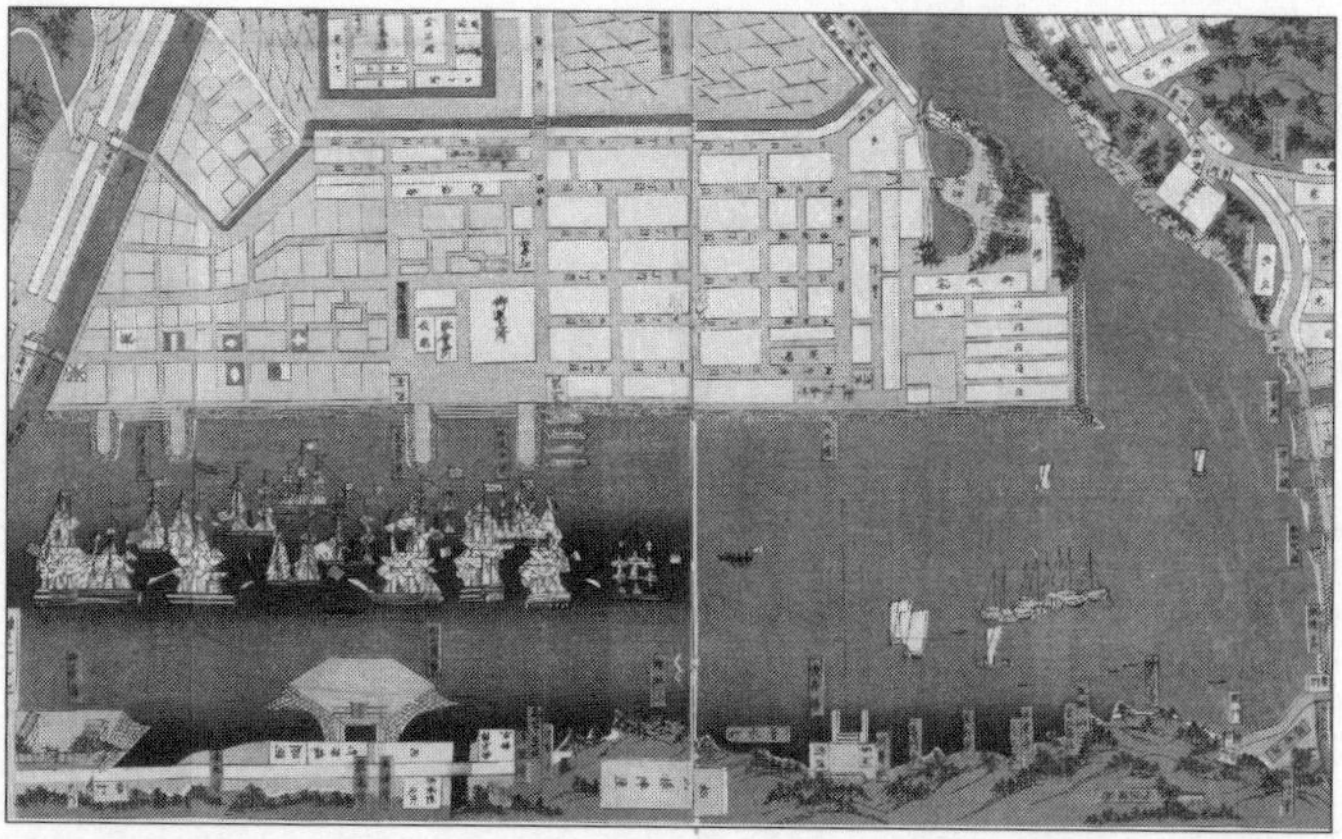

一大貿易港として栄えた横浜。幕府は江戸に近い神奈川宿に外国人が集まることを避けるため、機転をきかせて横浜を開港地にした。(『御開港横濱正景』国会図書館所蔵)

真相

はじめは不利な立場に立たされていたものの、交渉を重ねることで幕府は外交のコツをつかむようになっていた。**列強の連携を察知して先手を打ったり、要求を骨抜きにして列強に一矢報いたりと、欧米の外交官と渡り合う術を身につけるようになっていた**のである。

幕末外交、真の実力

アメリカと不平等条約を結んだ江戸幕府には、外交下手のイメージが根強い。２５０年以上も海外交流を制限していたのだから、そう思われるのも無理はないし、実際にそうだった。しかし、欧米列強との接触が増えると彼らのルールを学び、急速に追いついていたこともまた事実だ。

まず、幕府が「**アメリカとだけ条約交渉をした**」という事実は、当たり前のようで重要な意味を持つ。実はアメリカと開国交渉をするという段階で、幕臣の中にはロシアの力を借りるべきだという意見があった。砲艦外交で国書の受け取りを強要したペリーに対して、その翌月に長崎を来訪して通商を求めたロシア海軍の態度は、紳士的で長崎奉行らに好感を与えていた。そこでロシアの助けを借りてはどうかという意見が唱えられたというわけだ。

だがこの路線は早々に放棄された。**米露が裏で手を結ぶのではないかと考え、協力を要請するのは危険だと判断した**のだ。実際に米露に協力関係があったかは定かではないが、ロシアと共闘しなかったのは英断だった。ロシアが長崎で見せた態度は見せかけで、本当は日本の領土を狙っていたのだ。文久元（1861）年にロシア船によって対馬が不法占拠されたのも、日本の領土を狙う意図が以前よりあったからである。

幸運にも、交渉相手であるアメリカも新興国であったため、外交面では隙があった。経験の浅い日本交渉団でもペリーやハリスを論破して条約の修正を求めることができたのは、そのためだ。

そしてハリスが幕府に指摘した通り、アメリカと条約締結の前例をつくったことは、他国との条約交渉で優位にはたらいた。他の列強も日米の条約に準拠した内容で結ばざるを得なくなり、過度な要求を押し付けることができなくなったのだ。

また、条約締結後には、幕府は列強に一泡吹かせている。条約では開港地のひとつに「神奈川」

外国人商人が集って栄えた横浜の様子

を指定していたが、幕府としては江戸に近い神奈川に大量の外国人を迎えることは避けたかった。そこで幕府は一計を案じた。列強が貿易地にしようとしたのは「神奈川湊」だったが、幕府はその対岸の横浜を貿易港として開発する方針を定め、商業地を急ピッチで整備したのだ。

列強の外交官の反応は良くなかったものの、**幕府はこの対岸は神奈川の一部だとかたくなに主張を続け、頑として譲ろうとはしなかった**。それに外国商人からしても、大型船が入りやすい対岸部は利便性が高かったため、わざわざ不便な神奈川湊に移ろうとは思わなかった。

結局、列強も拠点の移動を決め、神奈川の開港は事実上白紙化。神奈川湊の代わりに貿易港となった横浜周辺は、瞬く間に大商業都市として発展することになった。

列強に外交の主導権を握られ続けたと思われがちな幕府だが、実際は的確な判断力で列強を翻弄することもあったのだ。

19
江戸の民衆が黒船に恐怖したというのはウソ

通説

黒船来航は、幕府だけでなく江戸の民衆の間にも混乱を巻き起こした。浦賀湾に並ぶ巨艦に怯え、江戸から逃亡する人々が続出。ペリーが江戸城に空砲を放つと、江戸市中は大パニックに陥った。260年もの平和に慣れきっていた江戸の庶民は、黒船が帰還するまで夜も眠れない日々を強いられることになったのだ。

ペリーが乗船していた蒸気船サスケハナ号

真相

庶民は黒船に恐怖するどころか逆に興味を持ち、遠方から見物に来る者もいた。その盛況ぶりから、幕府は幾度も規制をする必要があったほど。なかには幕府に黒船撃退作戦を提案する庶民すらいたのだった。

恐れられなかった黒船艦隊

「泰平の 眠りを覚ます上喜撰《じょうきせん》 たつた四はいで 夜も眠れず」

ペリー来航後に流行ったとされる、有名な狂歌である。上喜撰とは宇治の高級茶のことで、ペリーが搭乗した蒸気船にかけて、4隻の船に驚いて人々が眠れない日々を過ごしたことを揶揄《やゆ》している。

だが当時の現状は、狂歌の内容とは少し違っていたようだ。幕府上層部はペリー来航の情報をつかんでいたし、庶民は黒船を恐れるどころか、好奇のまなざしを向けていたのである。

鎖国政策を260年も続けた日本で、長崎以外の人間が外国船を拝む機会はそうなかった。そのため、未知の存在をひと目見ようと、浦賀湾周辺には日本中からの見物人が殺到したのだ。江戸町奉行所だけでなく、幕府老中までが見物禁止の達書《たっしがき》を出しており、その熱狂ぶりが窺える。大砲が撃たれたときは流石に混乱したというが、空砲だとわかるとパニックはすぐ鎮まり、花火代わりに楽しむ民衆もいたという。

ただし、黒船を快く思わない者も少なからずいた。尊皇攘夷思想は民間にも広まりつつあったので、外国船を撃退すべしと意気込む者も多かったのだ。

アメリカと通商条約を結ぶかを巡って、幕府は全国の諸大名に意見を求めたのだが、このときに庶民からも広く意見を募集していた。すると**江戸庶民は自分の意見を表明し、外国船撃退作戦を含む、多種多様な案を提示した**のである。

諸大名や民衆の意見をまとめた『遏蛮彙議《とうばんいぎ》』には、次のような作戦案が見える。

まずは、巨大な水中柵を使った「江戸湾封鎖案」。巨大な木製の柵をいくつも作り、江戸の湾内に沈める。そうすることで黒船は近海に侵入できなくなって退散するというものだ。

「黒船水中破壊案」というプランもあった。爆薬をしかけるのかと思いきや、発案者は黒船の船底には小窓があると考え、水中からこれを割ることで黒船を沈めることを提案した。もちろん、黒船

黒船来航を描いた錦絵（「皇国一新見聞誌」「浦賀亜船来航」都立中央図書館特別文庫室所蔵）

の船底に小窓はないので実行は不可能だ。

他には、魚商人を装って船に乗り込み、隙を見て船員を襲い火薬庫を爆破する「海賊案」、遊郭から美人を集めて船員を篭絡する「ハニートラップ案」、外輪に何本も大縄を絡ませ航行不能にして捕らえる「黒船捕縛案」、先端に銛をくくりつけた大量の船で体当たりする「船船特攻案」など、ユニークな作戦案が続々と届けられた。

興味深いのは、**民衆の多くが作戦実行の先陣を希望していた**ことだ。必要な素材の提供を申し出る者もいれば、黒船来航をビジネスチャンスとみた商人も多かった。もちろん、これらの作戦は黒船や船員の実情を知らないままに提案されたので、現実的だとは言えず、交渉路線を選んでいた幕府に採用されることもなかった。それでも、「時代に翻弄される弱者」と思われがちな民衆が、この時期には一部とはいえ自由で積極的な考えを持っていたことは、注目すべきことである。

20 安政の大獄が攘夷派を狙った弾圧だったというのはウソ

通説

幕府は天皇の勅許を得ずに日米修好通商条約を締結して開国に踏み切った。これに対し、「天皇を尊び夷狄《いてき》（外国）を打ち攘《はら》う」ことを重んじる尊皇攘夷派の公家や武士たちが反発。その勢いが日に日に増したことで、老中・井伊直弼は攘夷派の弾圧を決めた。対象者は100人以上とされており、攘夷論者の多くは極刑となったとされている。この弾圧は「安政の大獄」と呼ばれ、幕府の強圧的な姿勢を示すとして現在でも非難されている。

安政の大獄によって処罰を受けた橋本左内（左）と梅田雲浜（右）。左内は処刑され、雲浜は獄死した。

真相

安政の大獄の目的は、反抗する朝廷に対抗することと、将軍の後継者争いで主導権を握ることであり、攘夷論者を狙ったわけではなかった。また、大獄という言葉から大弾圧を思わせるが、規模はそこまで大きくなかったという指摘もある。

幕府・朝廷内の権力闘争

幕末の大老・井伊直弼には、今でも「弾圧者」のイメージがつきまとう。言うまでもなく、尊王攘夷派を弾圧した安政の大獄の影響だ。

周知のとおり、幕府が朝廷の意向を無視してアメリカと通商条約を結んだことは、攘夷論者の反発を招いた。

それに対して井伊は、大老の権限を利用して尊王攘夷派の藩士や公家、さらには大名までをも処罰。親藩であっても容赦はなかった。その人数は100人以上にのぼったという。

だが、井伊の第一の目的は、攘夷派や開国派を処罰することではなかった。**井伊の目的は、独走する朝廷を処分することと、将軍の後継者争いに勝利すること**だった。ペリー来航時に将軍だった家定は、病弱で嫡男がおらず、生前のうちに次期将軍を決める必要があった。候補とされたのは、井伊らが推す紀州徳川家の慶福《よしとみ》と、島津斉彬らの推薦する一橋家の慶喜だ。

この争いは慶福派が勝利したが、一橋派には逆転を狙う者があとを絶たず、井伊からすれば気が抜けない状況だった。折しも孝明天皇は、幕府の責任追及と攘夷遂行を求める「戊午《ぼご》の密勅」を複数の藩に発し、政治的な影響力を高めつつあった。こうした混乱を鎮めるため、井伊は一橋派を要職から外し、関係者を含めて相次いで捕縛。密勅に関係した公家も自首という形で処分した。つまり、条約に反対する勢力を狙ったわけではないのだ。

また、処罰された人数も史料によって異なっている。公家の九条尚忠《ひさただ》の書状では、100人ではなく75人。そのうち処刑された者は8人（獄死を含めると14人）で、大半は追放や謹慎処分で済んでいた。これが厳しい弾圧だったと言えるかどうかは評価が分かれるところだが、ヨーロッパや中国で起こった弾圧事件と比べると、規模は小さいように見える。

重要なのは、「大獄」という言葉をもって井伊の弾圧を表現した理由はなぜかを考えることだろう。まず考えられるのは、全国規模の弾圧だったことから、大規模弾圧というイメージが定着した

井伊らは権力闘争に勝ち、家定の後継者として慶福（左）を将軍にすることに成功。越前藩主である松平春嶽（右）を隠居・謹慎させるなど、反発する一橋派を弾圧した。

こと。もう一つは、**新政府による印象操作**である。

洋の東西を問わず、国の新たな統治者は、旧体制を否定して自分たちの正当性を主張しようとする。薩長を中心とした明治政府も同じで、維新の正当性を示そうと幕末の歴史を討幕派寄りに解釈し、教育などを通じて世間にその価値観を広めていったというわけだ。

また、長州藩の維新の功労者に師と仰がれる吉田松陰がこの事件で死刑になったことで、「井伊許すまじ」という反発が政府の中で共有されていた可能性もある。

とはいえ、経緯はともかく、井伊が弾圧事件を主導したことは確かであり、安政の大獄によって攘夷論者と朝廷がダメージを受けたのは事実である。優秀な幕臣を多数処分したことも、長期的にみれば幕府にとっては痛手だろう。こうして井伊は恨みを集め、水戸藩浪士らによって江戸城桜田門外で暗殺されたのである。

21 井伊直弼は刀による致命傷で命を落としたというのはウソ

通説

日米修好通商条約の締結を押し切り、安政の大獄によって敵対勢力を粛清した大老・井伊直弼。その政策は尊王攘夷派の反感を買うことになり、「桜田門外の変」へとつながった。安政7（1860）年3月3日、江戸城の桜田門外付近において、水戸脱藩の志士ら18人は、井伊が乗った籠を発見すると抜刀突撃を決行。突然の奇襲に護衛はなす術もなく切り倒され、井伊も首をはねられたのだった。

桜田門外の変を描いた錦絵（国会図書館所蔵）

真相

桜田門外で待機していた尊王攘夷派の志士は、刀ではなくピストルによる銃撃で、井伊を襲った。大名行列を目にすると、一斉射撃を仕掛けたのだ。確かに刀も使ったが、それは致命傷を負った井伊にとどめを刺すときであり、大規模な白兵戦にまではなっていなかった。

井伊直弼暗殺の実情

旧暦3月3日、雪の降りしきる江戸市中において、桜田門外の変は起きた。井伊の死は公式には伏せられたものの、事件現場に積もった雪は鮮血に染まり、多くの人間の目に留まっていた。事件がたちどころに知られたのは、言うまでもない。

時代劇では、暗殺シーンは「襲撃者が刀を振るい、井伊を籠ごと刺し殺す」というのがおなじみである。籠から逃げ出す間もないまま襲われる井伊。緊迫感があって劇的だが、逃げたくても逃げられなかったという方が正しい。浪士が斬りかかる前から、井伊は銃撃によって致命傷を負っていたからだ。

一般的には、浪士と護衛の武士が斬り合うシーンを想起すると思うが、暗殺に用いられたのはピストルだった。欧米式の回転式拳銃が伝わる前から、日本には短筒《たんづつ》という小型の火縄銃があった。井伊はこの短筒によって狙撃され、致命傷を負ったのだ。

その証拠に、**事件現場からは血濡れの短筒が2梃見つかっている**し、のちに自首した2人の襲撃者が1梃ずつ持っていたことも細川家に確認されている。また、襲撃者のリーダー関鉄之助も短筒を持っていたといわれている。

実際、江戸の彦根藩邸にて井伊の遺体を検分した岡島玄達は、太腿から腰にかけて銃弾が貫通した痕が見つかったと記録しているため、銃撃によって井伊が致命傷を負っていた可能性は高い。

そしてこれらの証拠から、事件の流れを推測できる。まず、18人の浪士は桜田門付近に身を隠して井伊を待ち構えた。井伊の行列が江戸城に入ろうとしたところで、5人が籠に向けて短筒を発砲。突然の銃撃に護衛が混乱した隙に突撃して、籠から瀕死の井伊を引きずり出して首をはねた――。

現場が混乱していたからか、井伊の護衛は襲撃者を1人しか討ち取れなかったが、襲撃者の末路はいずれも悲惨だった。ある者は現場で負傷し、ある者は追っ手に斬りつけられ、半数近くが逃亡中に命を落とした。自首した者は残らず処刑され、逃亡できたのはたったの2人。その2人も、明

桜田門外の変で使われた可能性のある拳銃（朝日新聞社提供）

治維新が成るまでは潜伏生活を余儀なくされた。

一方、襲撃された井伊の実家・彦根藩は、より複雑な行く末をたどった。

彦根藩を束ねる井伊家は家康時代から続く譜代の名門だったが、政敵も多かった。特に、将軍の後継ぎ問題で対立した一橋派からすれば、桜田門外の変は井伊家の勢力を減退させるチャンス。責任追及を名目に長野主膳ら元側近の処分を要求すると、井伊家がこれに応じたにもかかわらず、井伊家を京都守護職から罷免することも決定。さらには10万石もの大減封を言い渡した。

しかし皮肉なことに、こうした露骨なまでの報復は、**彦根藩に将軍家への不信感を植えつけた**。結果として、第二次長州征伐で幕府が不利になるとこれを見限り、王政復古の大号令が発布されると、彦根藩は新政府側についた。そして戊辰戦争では新政府軍の一員として旧幕軍と戦ったのである。

22 池田屋事件を機に長州藩が京派兵を決めたというのはウソ

通説

「池田屋事件」は、新選組の名前を尊王攘夷派に知らしめた、重要な事件である。長州藩の過激派が京市中への放火と天皇の拉致を企んでいるという情報をつかんだ新選組は、会合場所の池田屋を捜査。乱闘の末に数十名の長州藩士を捕縛・斬殺した。有力な志士が多数死亡したことから、この事件は討幕を数年遅らせたといわれている。また、事件をきっかけに長州藩が京へ出兵したことから、歴史的なターニングポイントだとされている。

1994年に壬生寺で催された新選組の記念祭（朝日新聞社提供）

真相

池田屋事件に関する史料は食い違いが多く、不明点が多い。後世に脚色された文脈が少なからずあるのも事実だ。そもそも、尊王攘夷派が立てたとされる計画は客観的な証拠に乏しく、攘夷派粛清の理由付けにされたという指摘もある。歴史的な評価にしても、事件が幕末のターニングポイントだったという見方は変化し始めている。

池田屋事件は維新の分岐点なのか

知名度が高い割に、池田屋事件には謎が非常に多い。事件の3日後に新選組局長・近藤勇が関係者に送った手紙によれば、騒乱のきっかけは、元治《げんじ》元（1864）年6月5日早朝、近江国郷士の古高俊太郎《ふるたかしゅんたろう》を捕縛したことにある。古高を取り調べたところ、祇園《ぎおん》祭に便乗して、京への放火と天皇を誘拐する計画を自白したという。同日夜、この証言をもとにして近藤らは計画者たちが集会場所とした池田屋を襲撃。尊王攘夷派の多くを捕縛・殺害した――。これが、近藤が残した手紙の大意である。

しかし、事件直後の当事者ならではの生々しさはあるものの、他の史料との食い違いも少なからずあり、**事件の詳細はよくわかっていないのが現状**だ。そのうえ、ドラマや小説では複数の証言がコラージュされたり脚色が加えられたりしてきたため、史実とのギャップは深まる一方である。

そもそも、尊王攘夷派による京への放火と天皇誘拐計画は、ただの噂に過ぎない可能性がある。このころは在京中の将軍が江戸に帰府し、京の警備が手薄になると近藤らは懸念していた。こうした背景の中で、前述の計画の噂が流れた。佐幕派は不安になったに違いない。

近藤は古高の自白をもって噂が正しかったとしているものの、供述書には京中放火の記述しかない。それに、この自白は厳しい拷問によって引き出したもので、計画があったという客観的な証拠は乏しかった。そのため、尊王攘夷派一掃を狙う新選組側が捏造したという説もあるほどだ。

さらに注意すべきなのは、小説などによる脚色である。大河ドラマなどでは、「自白」を得て市中を取り締まる新選組が描かれるが、実際には新選組単独で活動したわけではなかった。会津藩に許可を求め、会津・桑名の兵も出動していたのだ。この兵たちは池田屋の騒動には間に合わなかったが、逃亡中の志士を何人か討ち取っている（史料によって人数に違いあり）。

一方、池田屋では尊王攘夷派が古高奪還の会議を行っていた。この場を新選組に襲撃されるわけ

池田屋事件によって新選組に殺された攘夷派の宮部鼎蔵の墓。宮部の地元である熊本市の墓地にある。(© Simasakon)

だが、戦闘の詳細はわかっていない。

近藤の回想では自身と沖田総司、永倉新八、藤堂平助、近藤周平の5人が突入したとされるが、他の隊士の証言では顔ぶれが異なっている。池田屋内の正確な死者数も不明なままだ。

また、**近藤に切られた志士が階段から落ちる「階段落ち」や沖田の吐血など、ドラマのお馴染みの名場面も、確かな記録があるわけではない**。

さらには事件後、長州藩は激怒して即時出兵を決断したとされるが、ここにも誤解がある。池田屋事件の前から京出兵は検討されていたのだ。実際、藩主・毛利定広の参加は、事件前日に決定している。

池田屋事件は出兵の時期を早めたにすぎず、遅かれ早かれ禁門の変は起きていたと考えられる。大局的にみれば、池田屋事件を幕末のターニングポイントとまでは言えなくなってきているのである。

23 薩長同盟が討幕目的の軍事同盟というのはウソ

通説

犬猿の仲だった薩摩藩と長州藩が、戦火を交えた過去を水に流して結成した同盟。それが「薩長同盟」だ。京の薩摩藩邸において、薩摩藩の西郷隆盛と長州藩の桂小五郎が会談して討幕のために団結する必要を確認すると、坂本龍馬立ち会いのもと、慶応２（１８６６）年に同盟が成立。ここに討幕を目的とした薩長の軍事同盟が結ばれ、明治維新へと向かう起爆剤となったのである。

薩摩藩の家老として薩長同盟締結に尽力した小松帯刀（左）と、薩長の間をとりもつことに貢献した中岡慎太郎（右）

真相

薩長同盟は軍事同盟ではない。**朝敵となって孤立した長州藩の復権が目的**であり、両者はその具体策を話し合っていた。同盟が結ばれた段階では、両藩は幕府を倒そうとまでは考えていなかったのだ。

同盟の目的と真の討伐対象

幕府を倒して新しい日本をつくるため、薩摩藩と長州藩が坂本龍馬の仲介で締結した。薩長同盟はこのようなイメージで捉えられることが多い。

だが、実は条文には討幕に関する記述はない。主な条文をあげると、「長州征伐が再開されると、薩摩は京と大坂に2000の兵を送る」「戦局が長州有利であれば朝廷に指定解除の工作を行う」「長州の冤罪が晴れれば、両藩は皇国のために力を合わせて砕身する」と続く。兵を送るとあるものの、目的は朝廷へ圧力をかけることであり、幕府を倒すには少なすぎる兵力だ。

では、この同盟は何のために結ばれたのだろうか？　実は同盟の目的は、朝敵にされて孤立した長州藩を助けることにあった。薩長同盟が結ばれる3年前の文久3（1863）年8月18日、長州藩はクーデターによって薩摩藩や会津藩などに京から追放され、朝廷への影響力を失っていた。翌年、巻き返しを図ろうと長州藩は御所を襲撃したが、このときも会津・薩摩の軍を相手に敗走（禁門の変）。長州藩の力を削ぎたい幕府の働きかけで朝敵に指定されると、軍事討伐の対象になってしまう（第一次長州征伐）。幕府に恭順して責任者を処罰することになったものの、幕府の締め付けは厳しく、長州藩はまさに藩崩壊の瀬戸際にあった。薩摩藩は自身を裏切った許しがたい相手だったが、藩の存続がかかっている以上、**西郷らに頼るしか残された道はなかった**のだ。

一方の薩摩藩も、この段階では討幕を考えていなかった。**西郷隆盛が構想したのは、有力諸藩による連合政権の樹立**である。これによって幕府の影響力を弱めようと考えていたが、尊王攘夷派を代表する長州藩が崩壊すれば、幕府の権威が高まって構想を実現できなくなるかもしれない。こうした考えを持っていたため、長州藩との同盟を決断したのである。

ただし、薩長はある勢力が相手なら、最終手段として武力行使も考えていたようだ。その根拠となるのが、「会津及び一橋などが朝廷を味方とし、要求を拒んだ場合は決戦に及ぶ」という一文だ。一橋とは一橋慶喜のことである。これに会津藩主・松平容保、容保の弟で桑名藩主の松平定敬《さだあき》を加えた

1863年に起きた「八月十八日の政変」で京を追われた公家・三条実美と壬生基修。政変によって7人の公家が京から追放されたことを、七卿落ちともいう。

三者が朝廷の後ろ盾を得て国政の重要部分を担っていた。長州征伐を主導し、二度目の征伐を企てたのも、この三者である。研究者は「一会桑《いちかいそう》政権」とも呼んでいる。**薩摩藩は慶喜らが朝廷工作を妨害するなら挙兵も辞さない覚悟で臨むと、長州藩に約束した**のである。

同盟が結ばれた段階から大きな事件が起きなければ、幕府が滅びない道もあり得たかもしれない。ところが第二次長州征伐が実行されるに至り、事態は変化する。薩摩藩の物資援助もあって、第二次長州征伐は長州藩の大勝で終わったのだ。

長州藩の朝敵指定も解除され、これを機に討幕運動が加速。公武合体の政策も模索されたが、結局、薩長同盟によって協力関係を築いた両藩は、武力によって幕府を倒す道を選んだ。桂と西郷が予想していたかは定かでないが、結果として、薩長同盟の締結は討幕の原動力になったのである。

24 薩摩藩が一丸となって討幕を決意したというのはウソ

通説

公武合体政策を推進していた薩摩藩は、西郷隆盛主導のもと、討幕派へと方針転換した。西郷自身は諸藩による連合政権樹立を目指していたが、これを妨げる幕府を討つことで、日本を改革しようと考えるようになったのだ。これを受け、薩摩藩の志士たちは西郷に賛同し、幕府を倒すために一致団結していくのだった。

薩摩藩が進める公武合体政策のために天璋院篤姫（左）は徳川家定（右）に嫁いだ

真相

武力討幕を決意した西郷や大久保利通に対して、薩摩藩内の反応は冷ややかだった。慢性的な財政赤字で派兵の余力がないのに加え、伝統的に親幕的だったことから、反対意見があとを絶たなかったのだ。その勢いは決してなくならず、**大政奉還の直前まで、藩内で討幕論者が主導権を握ることはなかった。**

討幕に懐疑的だった薩摩藩

一般的に、西郷隆盛は討幕の推進者だと思われることが多い。しかし長州藩の過激派とは違い、当初は朝廷と徳川の融和を、のちには朝廷の下に徳川と諸藩が連合する政権を樹立することを目指していた。武力討幕に方針転換したのは、諸藩連合では徳川慶喜に対抗することができないと悟ったからだとされる。

では、この方針転換を受けて薩摩藩はどう動いたのだろうか？　討幕を決意した西郷に大久保利通らが協力して、藩は一致団結する。そんな展開をイメージするかもしれないが、現実は違っていた。**もともと薩摩藩は幕府寄りの藩**である。家康の時代には徳川と親戚筋の松平家と婚姻関係を結び、徳川吉宗からは徳川本家の養女を正室に迎えていた。幕末には養女の篤姫が第13代将軍・徳川家定の正室となっているが、それは歴史的に薩摩が幕府と近かったから実現したのだった。尊王攘夷派もいたものの、藩論として公武合体を唱えている以上、表立って幕府を否定することは難しかった。

また、西郷の決定に反対するより現実的な理由として、**慢性的な財政赤字**をあげる者も少なくなかった。薩摩藩は77万石という日本第3位の石高だったが、土壌の多くは農耕に適さない火山灰で、実質的な生産力は石高の半分以下しかなかった。にもかかわらず、久光の時代になると前藩主・斉彬が起こした洋式産業事業が一部再開。軍の洋式化に資金が使われた他、薩英戦争での復興事業にも莫大な予算が投じられた。

さらに久光の頻繁な上洛も、藩の財政を締め付けた。上洛道中の旅費はもちろん、道中の兵や朝廷への貢ぎ物、京の滞在費用は、藩が負担しなければならない。本州最南端の薩摩藩から京へ行くには、一度だけでも莫大な費用がかかるが、久光は明治維新までに4回以上も上洛を行っている。禁門の変の出兵費用、薩英戦争の賠償金支払いなどもあって、まさに薩摩藩の財政は火の車。薩摩

島津久光（左）とその息子忠義（右）。両者が討幕路線に理解を示したことで、西郷らは公武合体派を抑えられるようになった。

藩単独の討幕が非現実的だとされたのも、無理はない。

では、西郷はどのようにして藩論を討幕路線で固めたのだろうか？　意外にも、**薩摩藩のトップ島津久光は西郷の考えに理解を示していた**。久光が西郷を嫌っていたことは有名だが、雄藩連合による改革という方針には賛同していた。慶喜が主導権を握ってその路線が実現不可能になったことで、徳川家打倒もやむなしと考えるようになったのだ。

藩主・忠義《ただよし》も西郷らに理解を示したことで、藩の全権は討幕派が事実上掌握。反対意見を藩主の後ろ盾で従わせることで、薩摩藩はようやく討幕路線を目指せるようになったのである。

その後も藩士の反発はなくならず、西郷の暗殺まで計画されていたが、討幕派はなんとか藩を完全掌握した。その約1カ月後に大政奉還が起きたことを踏まえると、まさにギリギリのタイミングであった。

25 大政奉還で徳川政権が消滅したというのはウソ

通説

幕府の立て直しを期待されて第15代将軍に就いた徳川慶喜だったが、態勢を整えることは困難を極めていた。物価高騰によって庶民感情は悪化し、全国で一揆や打ちこわしが頻発。第二次長州征伐は失敗して武力討幕を目指す薩長に対抗できなくなり、経済的・政治的に幕府は追い詰められることになった。結局、慶喜は土佐藩の提案を受け入れ、政権を朝廷に返還することを決断。この「大政奉還」によって、江戸幕府は薩長に敗北する形で幕を閉じたのである。

大政奉還の様子（邨田丹陵「大政奉還図」部分／聖徳記念絵画館所蔵）

真相

大政奉還の目的は朝廷への降伏ではなく、政権を自ら返上することで薩長の武力討幕を未然に防ぐことにあった。慶喜は政権運営力がない朝廷が幕府を再び頼ると見越し、返上後も徳川家が政治の実権を掌握できると考えていた。そして実際、**慶喜は公武合体派の有力大名らに支持され、新政権の指導的地位に就くことさえ、望まれていた**のである。

攻めの手段だった大政奉還

一般的に、大政奉還は慶喜の悪あがきのように思われることが多い。政治のノウハウのない朝廷には政権運営ができないと踏んで大政奉還を決断したものの、西郷隆盛や大久保利通らに先を読まれて慶喜の目論見は外れた。そんなイメージを抱く人もいるだろう。

確かに、結果だけをみれば慶喜の目論見は大きく外れるが、大政奉還直後の状況は複雑で、むしろ慶喜有利に動いていた。**有力大名は慶喜の決断を高く評価して新政権の中枢に戻ることを歓迎し、西郷らは政策運営の蚊帳の外に置かれて困惑していた**のである。

慶応3（1867）年12月9日の夕方、明治天皇臨席の上、のちの新政府首脳や公家、雄藩の実力者が出席する「小御所会議」が開かれた。この会議において、徳川家の所領と慶喜の官位の没収が決定したが、これに不満を抱いたのが、前土佐藩主の山内容堂だ。

容堂は大政奉還の功労者である慶喜を蔑ろにすることを不服とし、慶喜の会議出席を求めた。このときは大久保利通、西郷隆盛、岩倉具視によって却下されるものの、この問題を前越前藩主・松平春嶽《しゅんがく》に委ねることを求めて建白書を提出。さらに14日になると、小御所会議のメンバーで皇族の仁和寺宮が、西郷ら身分の低い者をけん制する意見書を提出した。これには岩倉も弱気になり、西郷らに妥協案を提案して、慶喜への要求を後退させている。

一方で、慶喜は強気の姿勢を崩さなかった。王政復古の翌日には、自らの呼称を「上様」とすると宣言。江戸幕府の機構を生かし、全国支配を継続する意向をほのめかした。16日には、アメリカ・イギリス・フランス・オランダ・イタリア・プロイセンの6カ国公使と大坂城で会談し、幕府による外交権の保持を承認させ、19日には朝廷に対し、王政復古の大号令の撤回まで求めている。

さすがに朝廷は王政復古の大号令を取り消しはしなかったものの、なんと大政委任の継続は承

元土佐藩主・山内容堂（左）と公家の岩倉具視（右）。両者は小御所会議で慶喜の処遇について話し合ったとき、激しい口論になった。

認。23、24日には再び首脳による会議が召集され、これによって小御所会議の決定は大きく覆ることになった。**慶喜に対する処分は緩和され、土地の提供は有力大名らの議論を経て決定することになった**のだ。このとき、西郷や大久保ら藩士クラスは締め出され、公武合体を唱える大名や皇族が中心となっていた。

では、この状況に討幕派はどう反応したのだろうか？当然ながら、彼らはこの状況に強く不満を抱いた。強硬派は関東で挙兵したり、江戸市中で犯罪行為を働いたりして、幕府を挑発。耐えかねた佐幕派が江戸の薩摩藩邸に火をかけたことで、慶喜も京への出兵を決断した。

その後の歴史は、よく知られているとおりである。旧幕軍は鳥羽伏見の戦いで敗北し、新政府軍が主導権を獲得。慶応4（1868）年4月には江戸城が明け渡された。そして、その後に続いた戊辰戦争をもって、幕府と新政府軍の争いは終わりを迎えたのである。

26
江戸城が無傷で開城されたというのはウソ

通説

幕府を追い詰めた新政府軍は、江戸城への総攻撃を計画した。計画が実現すれば、江戸の街は戦場となり、幕府軍の総大将である徳川慶喜は、切腹に追い込まれていたに違いない。だが、関係者の尽力によって、江戸城は無傷のままに開城。幕臣はもちろん、周辺の江戸庶民も戦いに巻き込まれずに済んだ。衝突必至の両軍が血を流さずに妥協策を見出したことから、この出来事は「江戸無血開城」と呼ばれて評価されている。

西郷隆盛と勝海舟が江戸城の明け渡しについて話すために会見したとされる地

真相

新政府軍と幕府軍の全面衝突は免れたものの、**江戸城は討幕派の攻撃によって被害を受けていた**。城下では相良総三に指揮された浪士が商家を相次いで焼き討ちにし、江戸城内では薩摩藩士のゲリラ攻撃によって二の丸が全焼していたのだ。

炎上していた江戸城

幕末モノの大河ドラマにおいて、江戸無血開城は山場の一つである。徳川家康が大坂夏の陣で大坂城を全焼させたように、敗者はその本拠地を消されるのが歴史の常。しかし幕末の江戸城は違った。徳川慶喜の意を受けた幕臣たちが新政府軍の西郷隆盛と交渉し、江戸城を明け渡すことを条件に、江戸の街は火の海にならずに済んだのだ――。こんな風に描かれることが多い。

しかし実際には、「江戸無血開城」といわれているものの、江戸城と城下町は、決して無傷では済まなかった。江戸の町は薩摩藩によるゲリラ攻撃に悩まされていたのだ。

薩摩藩の西郷隆盛は、大政奉還直後の慶応3（1867）年11月ごろより、配下に命じて江戸市中で強盗行為を働かせていた。目的は、幕府側の攻撃を誘い、武力討幕の正当性を得ることだ。大政奉還によって慶喜が政権を朝廷に返上したことで、薩長は討幕の大義名分を失ったが、それでも武力討幕を諦めきれなかった薩摩藩が講じた策が、江戸市中への攻撃だった。

この江戸略奪を指揮した一人が、相楽総三だ。相楽は江戸薩摩藩邸に無法者を雇い入れると、江戸での民間人襲撃を指揮。幕府関係者以外は襲わないと決めていたようだが、実際には無関係の商家も略奪や放火を受けたとされている。実際、日本橋付近では略奪行為が多発し、11月14日には両替商の播磨屋が1万5000両を強奪されている。幕府は薩摩藩が裏で手引きしていると気づいていたが、効果的な取り締まりができず、江戸の治安は悪化の一途をたどっていた。

そんななか、ついに決定的な事件が起きる。12月23日、**江戸城の二の丸御殿付近から早朝に火の手が起こり、消火のかいなく二の丸全体が全焼した**のだ。

二の丸御殿といえば、徳川家定に嫁いだ島津斉彬の娘・天璋院篤姫《てんしょういんあつひめ》の住居でもある。事件前には薩摩藩士による篤姫奪還の噂が流れたことから、失火は薩摩藩の攻撃として流布。同日には庄内藩屯所が銃撃されたこともあり、幕府首脳部は25日より庄内藩に薩摩藩邸を包囲させている。

外国人カメラマンによって撮影された江戸城

なお、犯行は西郷の命を受けた伊牟田尚平《いむたしょうへい》一派らによるというのが通説だが、現在では異論もある。

薩摩藩が江戸で略奪行為を働いたのは、事件のおよそ2カ月前、朝廷から薩長に討幕の密勅が授けられたからである。これを実現するために西郷は幕府を挑発したわけだが、大政奉還によって密勅が有名無実化すると、西郷は破壊工作の中止を命じている。それでも、**過激派は略奪行為をやめず、江戸の治安は改善されなかった**。

また、庄内藩による薩摩藩邸焼き討ちの一報を受けても、西郷は喜ぶどころか「残念千万」と藩士・蓑田伝兵衛への書簡で嘆いている。これらを根拠に、江戸における暴虐は相楽らの独断専行であり、西郷のコントロールを離れていたという説が唱えられているのだ。

確かなことは、江戸の街は通説のように無傷では済まなかったということだ。総攻撃がなかったといっても、その裏では江戸庶民の血は流れていたのである。

27 江戸無血開城が新政府への降伏宣言というのはウソ

通説

討幕派の攻撃を回避し、江戸の街が火の海にならなかった理由。それは、幕府が江戸城明け渡しを決めたからである。抗戦を訴える幕臣はいたものの、新政府軍への敵対は、天皇への反逆、つまりは朝敵になることを意味する。天皇に弓引くことを嫌った慶喜は、重臣との協議の末、江戸城の明け渡しを決断。江戸の地から離れることを決め、新政府軍に降伏の意を示したのである。

新政府恭順派の大久保一翁（左／国会図書館所蔵）と主戦派の小栗忠順（右）。慶喜は大久保ら恭順派に賛同し、江戸城明け渡しを決めた。

真相

幕府側からすれば、**江戸城の明け渡しは一時的なもので、いずれは新政府側から返却されるという考えのもと、降伏を決断した**のだった。新政府側の現場担当者にとっても、江戸の治安維持に苦慮していたため、江戸城を幕府へ返却しようと考える者は少なからずいた。

江戸城は返却される予定だった？

徳川慶喜が決断した、江戸城の明け渡し。約260年も徳川家の本拠だった城を敵に差し出すとは、思い切った決断をする、と感心するかもしれない。ところが近年の研究によると、幕府は江戸城開城を、さほど重く考えていなかったことがわかっている。江戸城の明け渡しは一時的なもので、いずれは幕府に返却されて、慶喜の地位も保証されると踏んでいたのである。

江戸城は慶応4（1868）年4月11日に新政府へと引き渡され、慶喜は故郷の水戸藩に移された。代わって東征大総督府が江戸の治安維持を担うことになったが、このころの江戸の街は、急激な治安悪化に悩まされていた。

前述した通り、江戸開城前に薩摩藩の工作活動によって江戸の治安は悪化していたが、開城後には幕府の警備力が低下したことで、城下の治安は急激に悪化。しかも、新政府に反発する旧幕臣が関東や東北へ逃亡すると、東征大総督府は鎮圧のために兵を派遣せざるを得なくなり、江戸を取り締まる人員が不足していた。

そこで新政府軍はやむを得ず、勝海舟ら旧幕臣に江戸の警備を委任した。すると勝はこれを好機と捉え、江戸の治安回復を名目に、慶喜と江戸城の返還を大総督府に意見したのだ。慶喜が江戸に帰還すれば、人心が安定して幕臣も落ち着く、というわけだ。

勝がこうした主張をしたのは、江戸城が一時的に開城されたと信じていたからである。**江戸城が幕府寄りの尾張藩預かりになったことから、城が返還されるという噂も幕府内では流れていた。**

一方で、大総督府内でも勝の提案への反応は悪くなかった。佐幕派に襲撃される恐怖もあって、徳川に江戸城を返却して100万石程度の領地を安堵するという意見が多数派となっていたのだ。

だが、4月21日に東征大総督の有栖川宮熾仁《ありすがわのみやたるひと》親王が江戸城に入ると全く音沙汰がなくなってしまい、そのまま江戸城返還は白紙化。徳川家は駿河70万石に大減封されていた。

東征大総督府トップの有栖川宮熾仁親王（左）と軍監の江藤新平（右）

勝の提案が退けられたのは、**京の新政府の間には、返還を認める意見がほとんどなかった**からである。

4月9日に開かれた最高意思決定機関の三職会議では、徳川家を駿河に移すか江戸に戻すかで意見が分かれていたが、最終的には駿河移封でまとまった。駿河は戦国時代以前の徳川領だったので、反発が少ないとの判断だった。

これによって江戸城は正式に新政府が召し上げることになり、政府最高官庁の太政官が入ることが決定。旧幕臣の反発が予想されたために詳細は隠蔽されたが、水面下では対策がとられており、4月29日には融和路線を進めた大総督府参謀の林《はやし》玖《く》十郎《じゅうろう》が罷免されている。

そして、江戸と関東の旧幕軍を一通り鎮圧し終えたことで、計画は実行に移された。5月24日に徳川家の駿河移封が公表され、7月17日には「東京遷都ノ詔」が発布された。これによって江戸への遷都が決まり、江戸城が徳川家に戻る可能性は、完全に失われてしまったのだ。

28

版籍奉還と廃藩置県は各藩の合意で行われたというのはウソ

通説

明治政府は封建制の弊害を一掃するため、藩の廃止を実行した。まずは「版籍奉還」によって各藩の支配権を天皇に返上させると、その約2年後に「廃藩置県の詔」によって藩を正式に廃止。県を設置することを宣言した。政府は諸藩に対して財政的な保護を約束していたため、一連の改革を大した混乱もなく成し遂げることに成功した。

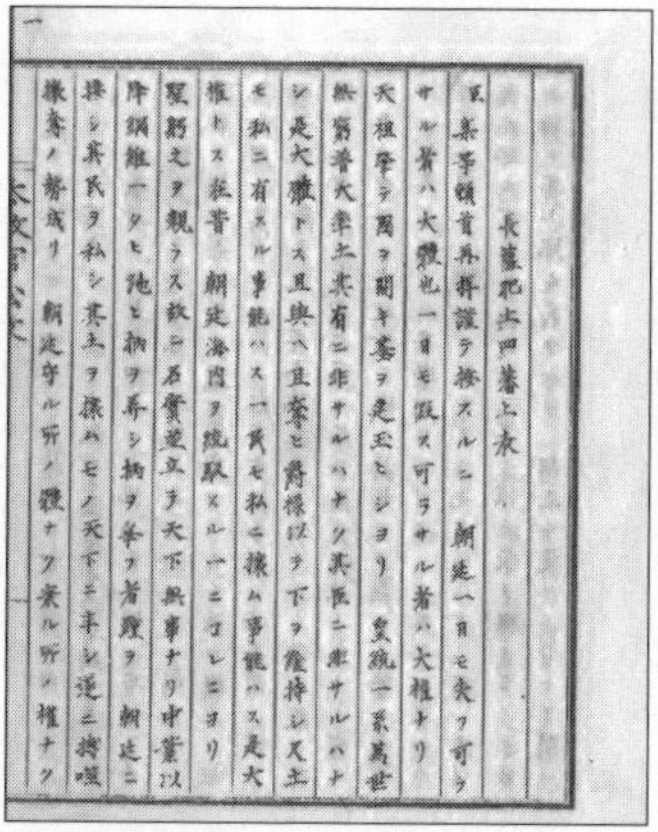
長薩肥土四藩上表

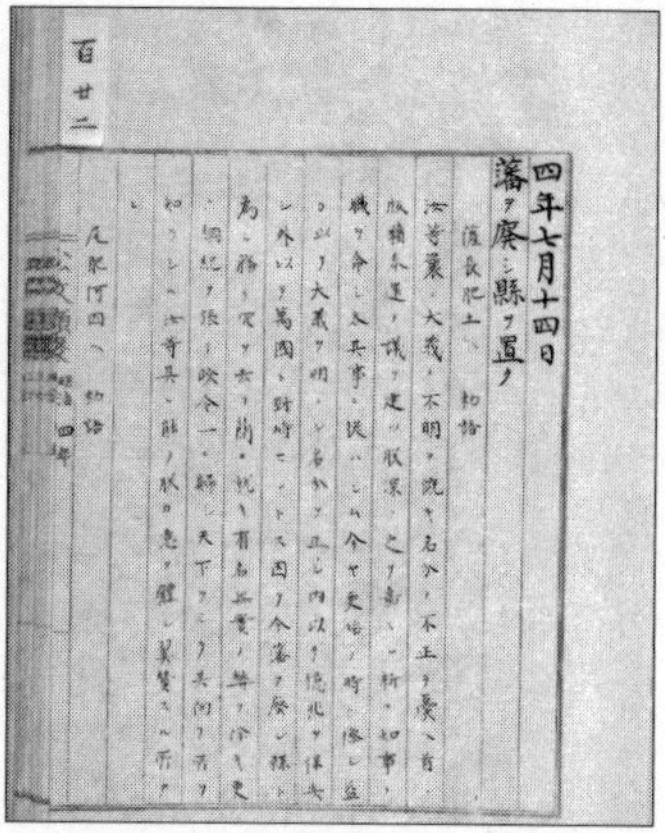
四年七月十四日
藩ヲ廃シ県ヲ置ク

版籍奉還（左）と廃藩置県（右）の上表文を書き写したもの（国立公文書館所蔵）

真相

藩主たちは版籍奉還を領地や領民を一時的に預けるだけの政策だと考えていた。**混乱が生じなかったのは、領地が返上されると信じていたから**である。そもそも江戸時代の藩主は国元への帰属意識が高くなかったため、廃藩置県への抵抗感はあまりなかったとも考えられている。

理解されていなかった改革の意味

江戸幕府に代わり、日本の実権を握ることになった新政府。250年以上も続いた幕府を倒したのだから、さぞ強力な支配力を持っていたのだろうと思いがちだが、実際には、その権力は脆弱で不安定なものだった。

幕府が崩壊したとはいえ、大政奉還後もおよそ250の藩主たちは独自の自治権と軍事力を持って領国のトップに君臨していた。天皇を味方にしたとはいえ、これだけ多くの藩を服従させる力は新政府にはなかった。

そこで政府が中央集権化と封建制からの転換を目指して実施したのが、版籍奉還と廃藩置県だ。まず、新政府は明治2（1869）年1月に領地と領民を天皇に返上させ、藩主を知事として実収を家禄の10分の1にまで下げた（版籍奉還）。そして明治4（1871）年7月によって藩を正式に廃止したことで、旧藩主は封建領主の座から降りることになった（廃藩置県）。

旧藩主からすれば利権を奪われる政策だが、不思議なことに大した反発は起きなかった。廃藩置県にいたっては、在京の知事らが軍事力で威圧されたにもかかわらずだ。いったいなぜか？

これまでは、各藩の借金を新政府が肩代わりしたという経済的な理由が注目されてきた。慢性的な財政赤字に苦しんでいたのに加え、廃藩置県の直前には戊辰戦争の戦費と凶作にともなう税収の減少で、各藩は深刻な財政難に陥っていた。ほとんどの藩が財政収入の3倍近い借金を背負い、廃藩置県前には13の藩が経済破綻で即時廃藩を求めていたという。

それはそれで正しいのだが、近年は他の要因も注目されている。**版籍奉還と廃藩置県の意図を、藩政の当事者たちがきちんと理解していなかった**という見方だ。

事実、姫路藩は版籍奉還に率先して応じているが、領地の再配布を要求していた。その後、全国の藩が版籍奉還に応じたが、大隈重信の回想によれば、藩主は土地を一時的に預けるだけで、後々に返してもらえると勘違いしていたという。版籍奉還を深刻に考えず、在京中の家臣が藩主に相談

左は版籍奉還時の姫路藩藩主・酒井忠邦。佐幕派だった姫路藩は新政府ににらまれないよう、率先して版籍奉還に応じた。右は廃藩置県時に新政府のメンバーだった大隈重信。

せずに決めたケースもあった。

誤解が広まったのは、建白書に「与ふ可きは之を与へ、与えるべきものは与える」と再交付を思わせる記述があったからだろう。建白書を起草したメンバーの伊地知《いじち》貞馨《さだか》でさえ領地の再交付を考えていたぐらいだから、当時の人々からすれば、これが封建制からの脱却を目指す重要な政策だとは、理解しにくかったと考えられる。

そして改革が反発を受けなかったもう一つの理由として、**藩主に心理的な抵抗がなかった**という指摘もある。

そもそも、藩主たちは参勤交代によって江戸での生活が長かったため、国元への帰属意識はそこまで高くなかった。江戸で生まれ江戸で育ち、国元の政治は家臣たちに任せていたため、中には国元へ帰ることを嫌がる藩主もいたぐらいだ。藩がなくなるといっても身分や生活は保障されていたため、我々が思っているよりも抵抗感はなかったのかもしれない。

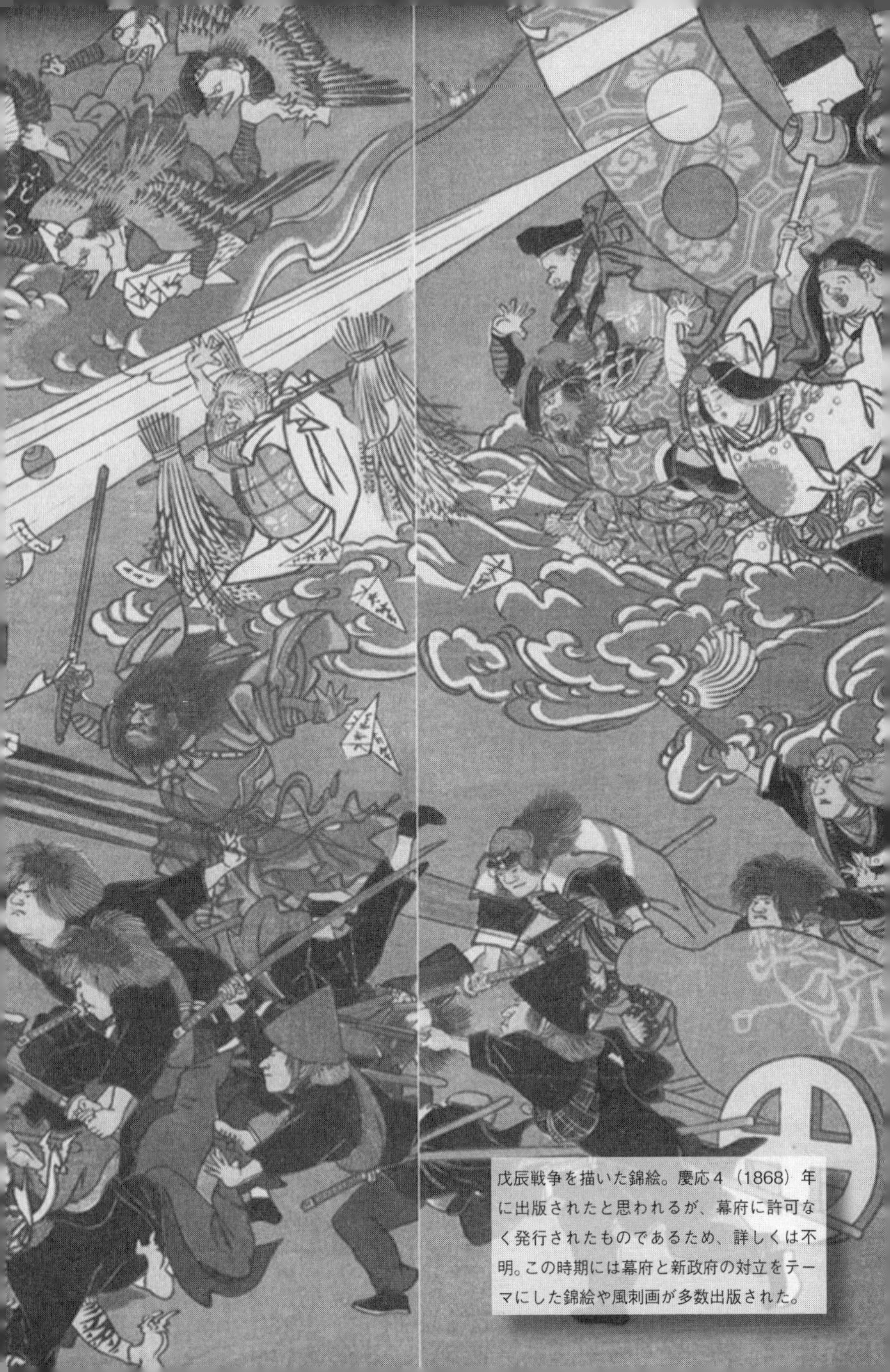

戊辰戦争を描いた錦絵。慶応４（1868）年に出版されたと思われるが、幕府に許可なく発行されたものであるため、詳しくは不明。この時期には幕府と新政府の対立をテーマにした錦絵や風刺画が多数出版された。

第三章

戦乱にまつわるウソ

29 薩英戦争が薩摩軍の惨敗というのはウソ

通説

攘夷を掲げていた薩摩藩が開国路線に舵を切り替えたのは、「薩英戦争」の惨敗が影響している。薩摩藩士によるイギリス人殺害事件の報復のため、イギリスは軍艦7隻を派遣して鹿児島湾岸を砲撃した事件である。列強の最新軍艦に薩摩藩は歯が立たず、一方的に敗北したことで、攘夷が現実的ではないと気づかされたのである。

鹿児島湾を攻撃するイギリス軍艦

真相

イギリス軍で起きたトラブルと悪天候の影響で、**薩摩軍は装備に勝る英国艦隊に善戦した**。人的な損害はイギリス軍が薩摩藩を3倍近く上回り、艦長は薩摩藩の砲撃によって死亡。イギリスは薩摩藩への報復という目的は果たしたものの、戦闘の結果は痛み分けに近かった。

列強に善戦した薩摩軍

薩摩藩といえば、元は長州藩と並ぶ尊王攘夷派の代表格だ。そんな薩摩藩が攘夷遂行を諦め、開明策に転じるきっかけとなった出来事が、文久3（1863）年に起きた薩英戦争である。

イギリスの目的は、薩摩藩士によってイギリス人が死傷させられた生麦事件の報復だった。賠償金の支払いと犯人引渡しをイギリスは要求したが、薩摩藩が拒否したことで、6月22日、横浜に停留中の軍艦7隻を鹿児島湾に派遣。湾内で会談が開かれるも失敗に終わり、7月2日にはイギリス艦隊が薩摩藩の船を賠償金代わりに接収しようとした。これに対して薩摩藩の砲台が砲撃を始めたことで、戦闘が始まったというわけだ。

4日まで続いた戦闘において、旧式砲台で攻撃する薩摩藩はイギリス軍艦に歯が立たず、戦いはイギリス軍の圧倒的勝利に終わったとされてきた。

しかし近年の研究によって、薩摩藩が善戦したことが明らかになった。このとき、薩摩藩の死傷者は19人だったが、対するイギリス軍は、諸説あるものの63人の死傷者を出していた。戦いはイギリスの勝利に終わったが、薩摩藩は一方的にやられていたわけではなかったのである。

といっても、「薩摩隼人が勇猛だったから善戦した」というわけではない。薩摩藩が善戦できたのは、**当日の天候が荒れていた**からだ。この日はイギリス軍だけでなく、大嵐も鹿児島湾に上陸していた。荒波の中では照準をつけることが難しく、砲台の射程内に押し流された艦も少なくなかった。ユーリアラス号は沿岸付近に流された結果、薩摩藩の砲撃で艦長と副艦長が戦死している。

そしてもう一つの理由として、**イギリス軍の装備がうまく機能しなかった**ことが挙げられる。イギリス艦隊が搭載していたアームストロング砲は、射程と破壊力に優れる最新兵器だったが、薩英戦争において、重大な欠陥が露呈する。**射撃不良が多発し、暴発事故で多数の死傷者を出した**のである。イギリスは攻撃を中止することを余儀なくされ、完全な勝利を諦めることになった。

戦争後に交渉する薩摩藩とイギリスの代表団たち

艦砲射撃で城下町の約10分の1が焼失するなど、薩摩藩の被害も甚大だったが、この戦争は薩摩藩にとって分岐点となった。イギリスの強さを知ったことで攘夷が無謀であることを悟り、イギリスとの接近を訴える意見が藩内に湧き上がったのだ。

しかも、イギリスとの和平交渉は両者の距離を縮めることになる。薩摩藩は賠償金として2万5000ポンド（約7万両）の支払いに同意しているが、その大金は幕府からの借用金で支払われることになった。これを返さないうちに幕府が倒れることになるため、**金銭負担は軽く済んだ**ことになる。生麦事件の実行犯引き渡しに関しても、うやむやになって処罰はされなかった。

一方のイギリスも和平交渉を通じて薩摩藩に興味を持ち、のちに武器弾薬の輸出を通じて討幕運動をサポートするようになる。いわば薩英戦争の痛み分けが、薩摩藩の開明的な改革を後押しすることになったのである。

30 幕府の権威は第二次長州征伐の失敗で失墜したというのはウソ

通説

長州藩の軍拡に脅威を感じた江戸幕府は、第一次長州征伐に続き、二度目の長州派兵を決定した。しかし「第二次長州征伐」で幕府は約15万もの大軍で進攻するも、最新兵器で武装した数千の長州軍に苦戦。最高指揮官である将軍・徳川家茂の病死を機に、撤退を余儀なくされた。この敗北によって幕府権威の低下は全国に知れ渡り、徳川家の名声が回復することは二度となかった。

西洋風の服装に身をつつむ武士。イギリスの絵入り新聞に1866年に掲載された。幕府や雄藩の近代化改革によって、この時期には服装や装備の西洋化が一部で進められていた。

真相

軍の近代化が進められたことにより、**幕府は長州征伐後も強大な力を保持していた**。また、薩摩藩による連合政権構想も慶喜のかけひきで崩壊し、幕府権威は復活の兆しを見せていた。こうした事態への危機感から、薩長は武力討幕の強行を決意することになった。

早々に復活した江戸幕府

第二次長州征伐は、討幕運動のターニングポイントとして知られている。15万もの大軍を動員したにもかかわらず、わずか3500人の長州軍に幕府軍は惨敗。これによって幕府の権威は失墜し、二度と復活しなかった。そんな風に考えられてきた。

確かに、第二次長州征伐の失敗によって幕府権威が低下したのは事実である。しかし、これで幕府の影響力が決定的に下がったというのは誤りだ。実は、討伐後の失敗を踏まえて改革が急ピッチで進められ、幕府の権威は回復傾向に入っていた。そのキーマンが、江戸幕府最後の将軍・**徳川慶喜**である。

家茂の急死で将軍職に就いた慶喜は、幕府復権のために多くの改革に着手した。なかでも力を入れたのが、軍制改革である。

すでに幕府は近代的な軍隊の整備を文久2（1862）年から始めていたが、その動きは積極性に欠け、兵の質も低かった。そこで慶喜はこの軍隊をより先進的な陸軍にするべく、幕府と密接な関係にあったフランスの協力を得て改革を推し進めていく。

近代兵器の輸入はもちろん、フランス公使ロッシュを通じてフランス軍人を教官に雇い、装備は鎧兜から洋式の軍服に変更した。そして横浜に設立した伝習所（のちに駒場野に移設）にて、西洋式の訓練を開始する。

これと並行して慶喜は軍役制度にもメスを入れた。戦闘部隊や将軍の親衛隊を銃隊に再編した他、幹部養成用の士官学校創設を決定。旗本出身の志願者を募集して近代的な軍事指揮官を養成しようとした。その結果、**幕府は歩兵と騎兵を合わせて8個連隊を主力とする陸軍の整備に成功し、最盛期には兵力が1万を超える日本最大級の軍隊となっていた**のである。

また、慶喜は政治の面でも薩長に一泡吹かせている。幕府権威の失墜を好機と見た薩摩藩は、慶応3（1867）年5月に京で慶喜と島津久光、松平春嶽、山内容堂、伊達宗城《むねなり》による有識者会議

慶喜（左）は四侯会議においてリーダーシップを発揮し、島津久光や伊達宗城（右）をけん制。政治力の高さを示した。

（四侯会議）を開いた。名目は、列強からの兵庫開港要求と長州藩の処分を問うことにあったが、西郷隆盛ら主宰者たちは、会議をリードすることで幕府の力をさらに削ごうとした。長州に寛大な処分を下し、朝廷と諸外国とが直接条約を結んで幕府から外交権を奪うことで、雄藩による連合政権樹立に繋げようとしたのだ。

だが、会議は慶喜のペースで進んだ。幕府に都合の悪い長州問題は棚上げにされ、兵庫開港問題では、粘り強く交渉して朝廷から勅許を取得。**かえって慶喜の政治力の高さを示すことになった**のである。

だが、皮肉にも慶喜の動きは西郷に武力討幕を決断させることになった。連合政権構想が頓挫したことで、薩摩藩内では幕府への警戒感が増大。徳川が権威を取り戻す前に力ずくでも討幕するしかないという意見が叫ばれるようになった。追い込まれていたのは、幕府だけでなく薩長も同じだったのである。

31 鳥羽伏見の戦いは近代兵器が勝敗を分けたというのはウソ

通説

新政府軍と旧幕軍の天王山である「鳥羽伏見の戦い」。その勝敗を分けたのは、近代兵器の有無である。薩長はイギリスから最新兵器を大量に購入していたが、旧幕軍には戦国時代から変わらない火縄銃や海外の旧式装備しかなかった。こうした装備の違いが原因で、約1万5000人の旧幕軍はわずか6000人の新政府軍に大敗したのだった。

鳥羽伏見の戦いを描いた錦絵。錦絵の発行には幕府の許可が必要だったが、この絵は無許可で出された。（「慶長四年大功記大山崎之図」国会図書館所蔵）

真相

最新兵器を装備した幕府陸軍約5000人が従軍しており、そのうち800人はフランス将校から訓練された最精鋭部隊だった。**むしろ兵の質は薩長を上回っており、装備が勝敗に決定打を与えたわけではなかった。**

薩長を上回っていた旧幕軍

圧倒的な戦力差があるにもかかわらず、新政府軍は西洋式の軍隊を駆使して、鎧をまとい刀を振るう旧幕軍を蹴散らした――。鳥羽伏見の戦いに、このようなイメージを持つ人は多いのではないだろうか。

戦いが起きたのは、慶応4（1868）年1月3日のこと。御所から南へ約9キロにある、鳥羽街道付近が舞台だ。旧幕軍約1万5000人に対し、新政府軍は約6000人。といっても新政府軍は寄せ集めの軍隊だったため、実際に戦ったのは1500人程度だともいわれるが、結果は新政府軍の圧勝だった。

この敗因について、幕府の若年寄格の永井尚志《なおゆき》は「敵は武装がよく、よりよい銃と砲兵を持っていた」とイギリス大使に語っている。しかし、永井の分析は正しくなかった。旧幕軍にも最新鋭の装備を整えた精鋭も多数参戦していたからである。

たとえば、徳川慶喜がフランスの協力で整備した幕府陸軍が、鳥羽伏見の戦いで約5000人参戦していた。そのうちの800人ほどは、フランス人教官の指導を受けたフランス伝習隊である。西洋式の訓練を受けているのはもちろん、最新装備を有しており、質は薩長のそれを上回っていた。

薩長の主力小銃は、弾丸を銃の前方から装填するミニエー銃である。日本で使われていた火縄銃と比べれば破壊力も射程も上だが、先込め式で連射に向かず、すでに欧米では旧式化しつつあった。

一方、幕府陸軍の主力小銃も同じくミニエー銃だったが、**幕府側には薩長が持たない、最新の銃が配備されていた**。それがシャスポー銃だ。弾丸を銃の後部から装填することから、ミニエー銃を上回る連射性を実現していた。幕府はこの小銃をフランスから2000梃ほど無償提供され、伝習隊に配備していたのである。配備が間に合わなかったという指摘もあるものの、それを差し引いたとしても、幕府の装備は新政府軍の装備に劣っていなかったことになる。

しかし、**旧幕軍は新政府軍に大きく劣る部分があった。指揮官の質だ**。新政府軍の指揮官は、敗北が政府崩壊に繋がると考えて戦意が高かったのに対し、旧幕軍の指揮官は自軍の兵力に慢心していた。

フランス軍事顧問団による訓練の様子

3日午前、旧幕軍は鳥羽街道を守る薩摩兵と接触したが、戦闘はすぐには始まらなかった。薩摩兵が京から通行許可が出るのを待つよう伝えると、旧幕軍はその場にとどまり、話し合いで解決しようとしたからだ。このとき、旧幕軍は戦闘態勢を取らず、銃に弾すら込めていなかった。

当然、薩摩兵はこの機会を利用しつつ旧幕軍を包囲。そのまま先制攻撃を仕掛けた。幕府の歩兵が混乱したのは言うまでもない。問題は歩兵だけでなく、指揮官の滝川具挙《ともたか》が乗馬で逃げ出し、伏見方面の竹中重固《しげかた》も、同じく部隊を捨てて遁走したことだ。

他の戦闘地においても、狭い地形にもかかわらず指揮官が戦国時代以来の密集陣形を好んだことが敗北を招いた。**伏兵や十字砲火に苦しめられ、せっかくの歩兵をうまく活用できなかった**のである。いくら兵や兵器の質がよくとも、それを効果的に扱える指揮官がいなければ、戦いには負けてしまうのだ。

32 鳥羽伏見の戦いの決め手は錦の御旗というのはウソ

通説

鳥羽伏見の戦いで新政府軍が勝利を収めた理由。それは、近代兵器の装備や兵士の志気もさることながら、天皇による助力があったからである。新政府軍は朝廷工作により、官軍の証である「錦《にしき》の御旗《みはた》」を獲得。この御旗が翻《ひるがえ》った途端、朝敵になることを恐れた旧幕軍の兵は次々に逃げ出し、兵力で優勢だったにもかかわらず旧幕軍は崩壊したのである。

戊辰戦争のときに新政府軍が用いた錦の御旗の模写図（「戊辰所用錦旗及軍旗真図」国立公文書館）

真相

錦の御旗が揚げられる前から新政府軍は優勢であり、大勢への影響は小さかった。旧幕軍が敗北したのは、旧態依然とした戦術と指揮官の能力不足に加え、戦場における土地勘のなさが原因である。

戦況が明らかになってから揚げられた御旗

劣勢だった新政府軍が鳥羽伏見の戦いに勝利できたのはなぜか？

その理由としてよくあげられるのが、近代兵器の有無と、天皇の威光、すなわち錦の御旗の影響である。前項で紹介した通り、近代兵器は新政府軍だけでなく旧幕軍も有していたため、勝敗を左右したとは言い切れない。では、「錦の御旗」説の方はどうだろうか？

錦の御旗を持つということは、天皇の軍隊であることを意味する。つまり、歯向かえば朝敵になるということだ。大久保利通と岩倉具視の工作活動によって朝廷が新政府軍支持を表明すると、鳥羽伏見の戦場では錦の御旗が翻り、旧幕軍の士気を大いに削いだ。これが決定打となって旧幕軍が敗北したというのが錦の御旗説である。

しかしこの説も、現在では異論が出ている。錦の御旗が戦場に届いたのは1月5日のことだが、このときすでに旧幕軍の敗北は決まりかけていたからだ。

鳥羽伏見の戦いは、京市中南方にある鳥羽街道において、旧幕軍と薩摩藩兵が接触したことで始まった。このとき旧幕軍が薩摩軍を攻撃せずにぐずぐずしていたのは、戦うことが主目的ではなかったからである。

旧幕軍は、薩摩を討つために「討薩の表」という上奏書を携えて朝廷に向かっていた。**朝廷へ向かうという名目があるため、旧幕軍は鳥羽から伏見をすんなり通り過ぎることができるという楽観的な考えの持ち主が多かった。**銃に弾も込めていなかったのは、そのためである。

一方の薩摩軍は、朝廷に問い合わせると時間稼ぎをして、旧幕軍の包囲に成功。業を煮やした旧幕府側は強行突破を通告すると、薩摩兵は大砲や銃で旧幕軍を攻撃したのである。

その後、伏見方面でも戦闘は繰り広げられたが、数で勝っているにもかかわらず、旧幕軍は一進一退を繰り返した。その一因は、前項でも紹介した指揮官の質の低さだが、**土地勘がなかった**ことも影響していた。

鳥羽伏見の戦いの敗北を受け、将軍慶喜は大坂城から脱出。少数の共を連れて江戸城へ向かった。

旧幕軍は戦国時代以来の「密集戦術」を好んだが、戦場となった鳥羽街道は、現在も車2台すれ違うのがやっとの道幅である。しかも、**鳥羽と伏見には湿地帯が多く、大軍の利が生かしにくかった。**そんなところに1万の大軍が押し寄せても、思うように動くことはできなかったのである。

一方、新政府軍は部隊ごとに散開して戦う「散兵戦術」を採用した。そして、鳥羽の城南宮《じょうなんぐう》や伏見の御香宮《ごこうのみや》神社に陣を構え、アームストロング砲などで旧幕軍を攻撃。密集した旧幕軍の兵は十字砲火に晒され、兵器の性能を活かせず撃ち倒されていった。

朝廷が新政府に錦の御旗を与えたのは、こうした戦況が御所にも伝えられていたからだと考えられる。征討大将軍である仁和寺宮《にんなじのみや》に錦の御旗が与えられて戦場で翻ったころには、すでに勝敗が決まっていた。つまり錦の御旗は、ダメ押しの一手として投入されたのである。

33 上野戦争が小規模な局地戦というのはウソ

通説

江戸城の開城後も旧幕派による抵抗は絶えず、関東各地で幕府残党と新政府軍との戦いが起きていた。そのひとつが慶応4（1868）年5月15日の「上野戦争」である。元幕臣や幕府陸軍残党が結成した「彰義隊《しょうぎたい》」と新政府軍が寛永寺にて衝突したこの戦いは、最新大砲を有した新政府軍が1日で勝利。大勢を左右しない局地戦ではあったものの、上野の街が火の海になったことは、江戸の庶民に衝撃を与えることになった。

上野戦争を描いた錦絵

真相

江戸にいた新政府軍は関東各地の決起を鎮圧しようと分散していたため、江戸市中の戦力は旧幕軍の方が大きかった。そんな状況で旧幕軍の主力だった彰義隊を討伐したため、新政府は江戸における支配体制を確立。**上野戦争は、その後の政局にも影響を与える重要な戦いとなった**のである。

江戸を支配下に収めた決戦

鳥羽伏見の戦いや会津戦争と比べると、上野戦争は知名度が低い。歴史本では「幕府残党の彰義隊が新政府軍に上野で敗北した」と戊辰戦争序盤の局地戦として軽く流す程度で、山川出版社が刊行している高校の日本史教科書には、用語すら載っていない。

ところが現在では、上野戦争は戊辰戦争を左右する重要な決戦の一つだったという評価に変わりつつある。この勝利によって、新政府は江戸の支配を盤石にしたからだ。

上野戦争が起きる前から、江戸は新政府の支配下にあった。とはいえ、関東各地で蜂起する旧幕軍に対応するために江戸市中の兵は少なくなり、治安維持すらままならない状況にあった。そこで江戸の治安維持を務める東征大総督府は、やむなく旧幕臣である勝海舟の力を借りることを決めた。ここで勝海舟が治安維持を任せたのが彰義隊だった。

彰義隊は、徳川慶喜の無実を証明するために側近たちが組織したグループを始まりとしている。徳川家の菩提寺である寛永寺を本拠地とし、**最盛期には3000人以上の隊員を抱える旧幕派最大級の勢力**となっていた。旗本・渋谷真琴などの記録によれば、庶民の間でも大変な人気があったという。朝廷の威を借る薩長に支配されるよりも、幕府の雰囲気を残す彰義隊の方が支持しやすかったのだろう。

そんな彰義隊を破ったことで、新政府軍は活気づいた。徳川家の駿河移封を公示しても反発が少なかったのは、江戸を完全に掌握していたからだろう。また、敗れた旧幕軍は東北へ逃亡したため、関東に散らばっていた戦力を、東北へ集中させられるようにもなった。幕府を代表する彰義隊を破ったことで、江戸庶民の感情にも変化を与えたはずだ。

では、なぜ新政府軍は屈強な彰義隊を破ることに成功したのだろうか？　新政府軍が導入した

上野戦争後の寛永寺。一面が焼け野原になった。

アームストロング砲が彰義隊を圧倒したことが勝因だとする声もあるが、異論も出ている。実際は命中率が低く、人的被害はさほどなかったという。

彰義隊が敗走した一因として、士気の差が挙げられる。江戸市中で人気のあった彰義隊には、庶民からの参加者も多かった。つまりは戦いの素人である。当然、新政府の攻撃が近づくと脱走者が相次ぎ、戦いの当日には兵力が1000人に減少していた。その1000人も大砲の轟音で士気を削がれ、逃げ道があればそこに飛びついた。新政府軍を指揮した大村益次郎は、四方のうち東方の防備をわざと薄める戦術によって逃亡者を誘い込むと、目論見通りに東方へ逃亡者が集中。戦いは1日もかからず新政府の勝利で終わった。

戦闘を指揮した天野は新政府軍に捕縛されて数年後に病死。戦死した200人の遺体は、円通寺が供養するまで何日も放置されたという。

34 長岡藩は最新兵器で新政府軍を圧倒したというのはウソ

通説

戊辰戦争において、新政府軍は旧幕府側の諸藩を圧倒したが、越後国の長岡藩は違った。長岡藩は米英から多数の兵器を購入して軍の近代化に成功していたため、5000人ほどの長岡藩に、3万人の新政府軍は大苦戦することになったのだ。特に、最新兵器であるガトリング砲を前にすると、新政府軍はなす術もなかった。当時日本に3門しかなかったこの新兵器を長岡藩は2門も所持。こうした新兵器によって新政府軍の被害は甚大となり、越後国は戊辰戦争最大級の戦場となったのだった。

戦国時代の川中島の戦いに見立てて北越戦争を描いた錦絵

真相

長岡藩の切り札となったと思われてきたガトリング砲は、実際には取り扱いが難しく、大した活躍はできなかった。長岡藩が善戦できたのは家老の河井継之助《かわいつぎのすけ》が優れた采配を振るったからで、河井が戦死すると長岡藩は降伏を決断している。

中小藩が善戦した真の理由

戊辰戦争というと、会津戦争や五稜郭の戦いが注目されがちだが、それらの戦いより前に始まり、新政府軍が苦しんだ戦闘があった。それが、越後国長岡藩を相手にした北越戦争である。司馬遼太郎の小説『峠』のテーマになっているため、知っている方も多いかもしれない。

長岡藩に会津藩のように新政府軍への恨みを募らせる勢力が多かったわけではないが、かといって、新政府軍の味方をして東北諸藩と敵対するつもりもなかった。しかし、新政府軍との交渉が決裂したことで、慶応4（1868）年5月2日、戦闘が始まることになった。

会津藩と同盟を結んではいたものの、長岡藩の兵力は5000程度しかなく、約3万の兵を擁する新政府軍との戦力差は歴然だった。しかし敗色が濃厚であったにもかかわらず、長岡藩軍は幾度も新政府軍を撃退し、2カ月以上も持ちこたえたのである。

江戸や京から離れた長岡藩が、最新兵器を備えた新政府軍を撃退できたのはなぜか？ これまでは、藩士である河井継之助が推し進めてきた軍制改革の影響だとされてきた。

北越戦争が起こる2年前から長岡藩は軍の近代化を進め、西洋式訓練を導入するとともに、外国人商人のスネル兄弟を通じて大量の武器弾薬を購入していた。その中には、日本に3門しかなかった最新兵器ガトリング砲も含まれていた。1分間に360発の弾丸を発射できるこの兵器を、河井は2門も購入していた。これが実戦で猛威を振るい、新政府軍を蹴散らしたとされていたわけだ。

しかし、当時のガトリング砲は手動で回さないと発射できず、弾詰まりを起こしやすいという欠点もあった。また、その重さから扱いにくく、実戦での効果は限定的だった。

長岡藩が善戦したのは、兵器の質が高かったからではなく、指揮官である河井継之助が優秀だったからである。新政府軍との戦闘が5月2日に始まると、河井は指揮官としてこれに参加した。

そして、信濃川を突破した新政府軍に対し、遊撃隊を駆使して5月10日にこれを撃退。翌日に新

長岡藩家老の河井継之助（左）と河井に兵器を売却した商人スネル（右）

政府軍の反撃が始まったが、河井は山地に陣を構えて天然の利を生かし、戦いを優位に進めた。この戦いで、新政府軍は吉田松陰に目をかけられていた時山直八を失っている。

とはいえ、数に劣る長岡藩軍は次第に追い詰められていく。5月19日、防備が手薄な本拠地・長岡城が山県有朋に奇襲されて奪われ、藩内の恭順派が工作活動を始めるようになったのだ。

7月25日、700人で城内に奇襲を仕掛けて山県を城から追い出すことに成功したが、すでに兵力は底をついていた。**河井が足を負傷して戦線を離れると、指揮官不在の軍は各地で敗走を重ねていく**。そして8月16日、河井の死とほぼ同時期に、長岡藩は降伏したのである。

なお、死の間際、河井はのちにアサヒビールなどの創業に関わる長岡藩士・外《と》山《やま》脩《しゅう》造《ぞう》に対し、「これからは実力の時代だから商人になれ」と伝えたという。

35 会津で旧幕軍兵の死体が野ざらしにされたというのはウソ

通説

薩摩・長州藩を中心とした新政府軍と佐幕派の筆頭である会津藩が衝突した戦い。それが慶応4（1868）年4月に起きた会津戦争だ。この激戦に会津藩は敗れ、拠点である鶴ヶ城を喪失。およそ3000人の会津兵の死体は、遺体の埋葬を許されず半年近く放置された。会津兵は、新政府に逆らう罪人として見せしめにされたのである。

少年兵で結成された白虎隊の墓。会津戦争では、城が燃えていると勘違いした白虎隊の隊士たちが殉死する悲劇が起きていた。(© karitsu)

真相

長年、会津兵の死体は放置されたと考えられてきたが、２０１６年にこの考えを覆す新史料が発見された。**新政府は埋葬を禁止せず、戦闘が終わると速やかな死体の回収を命じていた**のである。

今なお残る確執の原因

会津戦争の激戦区だった会津若松市に行けば、今でも薩長との和解を拒む声が聞こえてくる。その背景には、薩長軍が行った残虐行為への反発がある。

慶応４（１８６８）年、佐幕派の中心的地位にあった会津藩は、新政府軍による攻撃を受けて街も人も壊滅的被害を受けた。会津の人々は乱暴狼藉を加えられ、9月22日に降伏した後には、会津の寺に強姦された女性が夜な夜な赤子を埋めに来たとも伝えられている。

そうした残虐行為の象徴とされてきたのが、会津兵の死体放置令である。戦闘が終わった９月から半年以上にわたり、新政府軍は約３０００人の会津兵の埋葬許可を出さなかったとされてきた。

確かに、長州藩は禁門の変で会津藩によって仲間を殺されたため、その報復だという説明は説得力がある。だが、２０１６年12月、その通説を覆す史料が見つかった。会津市の博物館に寄贈された史料の中に、埋葬禁止を否定する内容が含まれていたのだ。

「戦死《せんし》屍《かばね》取《とり》仕《し》末《まつ》金《きん》銭《せん》入《にゅう》用《よう》帳《ちょう》」は作者こそ不明だが、埋葬に関する詳細な記録が34ページにわたって記録されている。死体の状況や服装なども、図入りで細かく記されていて、ＮＨＫ大河ドラマ『八重の桜』の主人公として有名な山本八重の父・権八の亡骸に関する記述も見られる。

この史料によれば、収容作業の開始は10月３日。**少なくとも終戦の10日後には埋葬が始まっていた**ことになる。しかも、埋葬は新政府によって指示されていた。17日には会津藩士４人が５６７体の死体を64カ所の寺や墓地に運び込んだとされているが、それを命令したのも新政府の民政局だ。

そして埋葬には74両（現在の価格で約４５０万円）の費用がかかったこと、作業に動員された３８４人に１人１日につき２朱（約７５００円）の作業代を支給したことも記されている。

新政府軍が少なからぬ金をかけて遺体を埋葬したのはなぜか？　それは、**放置すれば衛生的に危険**だからだ。遺体の長期放置は伝染病の蔓延を引き起こす可能性があり、統治に支障をきたすおそれがある。長州派閥は会津を恨んでいたかもしれないが、新政府としては現実的な理由から速やか

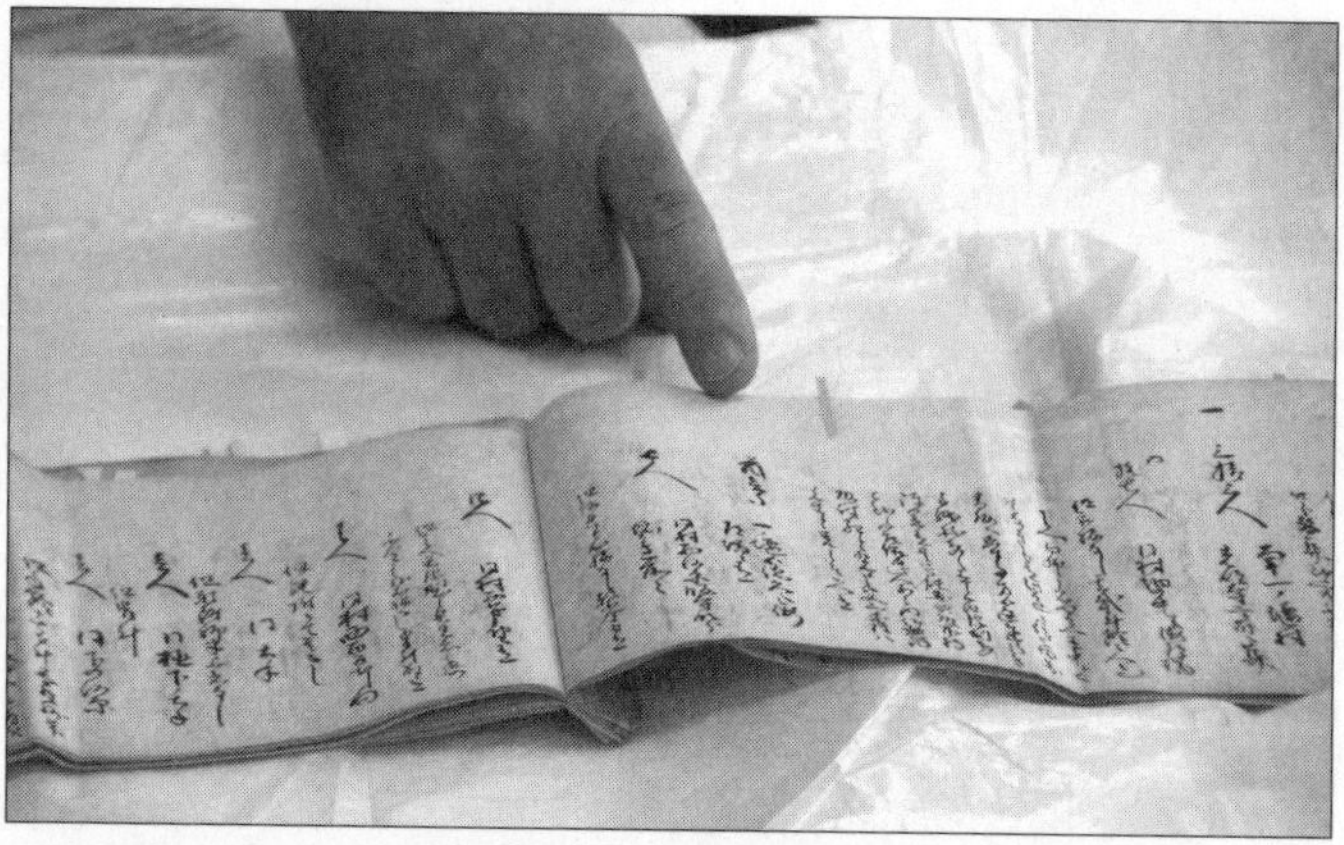

会津戦争後に会津藩士が埋葬されていたことを示す史料（毎日新聞社提供）

に遺体を処理する必要があったのだ。

とはいえ、死体の数が多すぎた。年を越しても死体の捜索は続けられたものの、**全ての死体を埋葬することはできなかった**。

実際に死体の埋葬禁止が命じられたのは、上野戦争のときである。彰義隊との戦闘に勝利した新政府軍は、戦後に旧幕兵200人の死体を埋葬させずに放置した。死体の回収に来る旧幕派の支援者を捕縛するためとされている。このときは、数日後に上野寛永寺の御用商人・三河屋幸三郎が政府の許可を得て円通寺に埋葬している。

では、なぜ会津で死体が放置されたと思われるようになったのか？　史料を調査した野口信一氏は、読売新聞の記事において「1869年2月に阿弥陀寺へ改葬したことを半年も放置したと誤認したと思われる」と記している。

新史料がきっかけで、少しずつかもしれないが、会津と長州は距離を縮めるようになっていくかもしれない。

ペリー来航時に画家として来日したヴィルヘルム・ハイネが描いた下田。イラストは外国人墓地から見た下田の海。他の外国人絵師も日本の社会や風景を描き、本国で紹介した。

第四章

社会・政治にまつわるウソ

36 日本が欧米列強より遅れた国だったというのはウソ

通説

海外との交流が制限されていた江戸時代の日本は、欧米よりも文化や技術の遅れた後進国だった。しかも幕末は、開国派と攘夷派が衝突して血なまぐさい事件が起こり、欧米に比べて治安の悪さが際立っていた。明治維新後に近代化の波が押し寄せたことで、ようやく欧米諸国の文化に追いつき、先進国になることができたのである。

外国人によって描かれた寺子屋の様子

真相

技術のレベルに差はあったが、**インフラや治安など欧米よりも優れていた面は多く、来日していた外国人たちは、日本人の民族性を高く評価していた**。教育程度も高く、簡単な読み書きであれば、日本はロンドンやパリを大きく上回る識字率を誇っていた。

進んだ水道インフラと最高規模の識字率

19世紀の日本といえば、上下水道や街道整備などの社会的インフラも整わない、後進国だったというイメージが強い。一方の欧米は、技術が進んで社会基盤が整い、洗練された文明国だったという印象を持つ人もいるだろう。しかし、技術的な違いこそあれ、日本、特に徳川幕府のおひざ元である江戸においては、欧米諸国に引けをとらないインフラや社会・教育システムが機能していた。

江戸のインフラでとりわけ注目すべきは、水道設備である。もともと江戸の地下水は塩分が多く、飲料として使うことはできなかった。そこで、初代将軍・徳川家康は上水道の整備を計画すると、井の頭池を水源とする水路を掘削して、市中への給水を可能にした。これが「神田上水」である。その後、人口の増加にともなって上水道は増やされ、その総延長は当時、世界最大級の規模だった。

また、江戸では下水道も整備されていた。敷地区画の境界部分に下水溝がつくられ、雨水や生活廃水は下水溝を通って堀や川から海へと流されていた。幕末にこの技術を見たペリーは、アメリカよりも進んでいると驚愕の声を残している。

しかもこの下水道は、糞尿用には利用されていなかった。長屋のトイレは共同だったが、小と大で区別され、どちらも農村の肥料としてリサイクルされていたのだ。農民は金や野菜と引き換えにしてそれらを引き取るため、大家が集めて副収入を得ていたという。もちろん、長屋以外の糞尿も肥料として有効利用され、下水に流されるようなことはなかった。

また、人や物、情報の流れもスムーズだった。東海道・中山道・甲州街道・日光街道・奥州街道という五街道は、江戸時代中期に整備が完了。宿場町が置かれ、旅人や物資の送り継ぎポイントとして機能していた。伊勢参りなどの旅行ブームが起きたのも、道路網が整備されていたからこそである。

現代人からすれば当たり前かもしれないが、幕末に日本を訪れた外国人からすれば、日本のインフラは驚きだった。イギリス人外交官のオールコックは、滞在記にて「よく手入れされた街路は、

日本に滞在経験のあるドイツの考古学者シュリーマン（左）とイギリス人外交官オールコック（右）。日本の教育インフラや衛生環境を評価していた。

あちこちに乞食がいることをのぞけば、きわめて清潔であって、汚物が積み重ねられて通行をさまたげるというようなことはない」「これはわたしがかつて訪れたアジア各地やヨーロッパの多くの都市と、不思議ではあるが気持ちのよい対照をなしている」と記している。

また、**教育インフラが全国に広まっていたことも、外国人たちを驚かせた**。トロイ遺跡の発掘で有名なシュリーマンは1865年に日本を訪れた際、学習塾である江戸の寺子屋を視察して、「自国語を読み書きできない男女はいない」と驚いている。実際には簡単な読み書きしかできない者が多かったが、それでも西洋と比べれば、日本人の識字率は高かった。ロンドンで20%、パリでは10%に満たなかったのに対し、日本は成人男性の識字率は7割を超えていた。このような教育インフラが、明治政府の教育政策の基礎になっていたことは間違いない。

37 幕末の日本が工業後進国だったというのはウソ

通説

江戸時代の日本は、工業とは無縁の農業国だった。農家が副業として手工業に手を出すことはあっても、専門の工場を設けて大量生産したわけではなかったため、工業力は育たなかった。開国を機に日本でも工業化の道を進むことになるが、列強との差は大きかったため、幕末においても産業力は低いままだった。

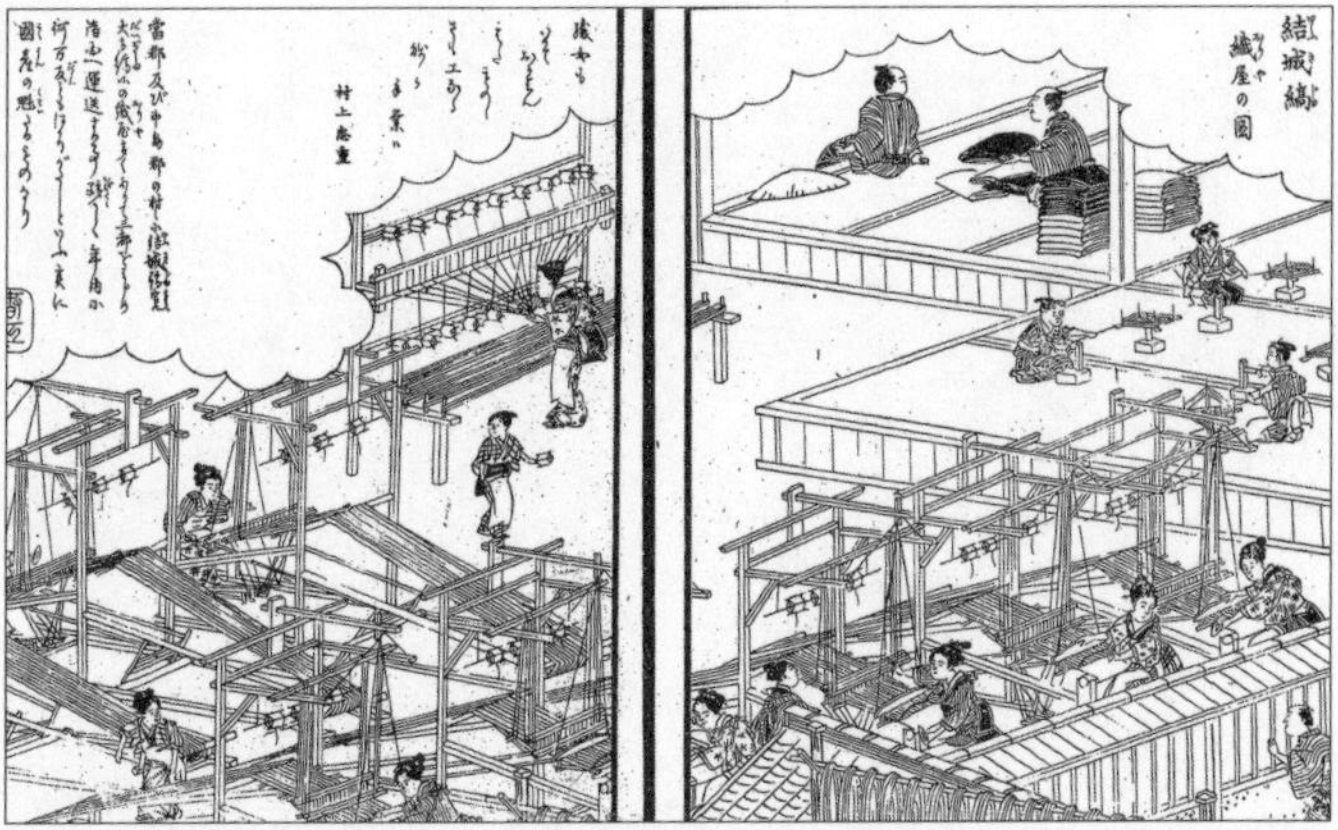

尾張の織屋で取り入れられていた工場制手工業の様子（『尾張名所図会』国会図書館所蔵）

真相

明治の日本が工業化に成功したのは、すでに幕末の時点で工業化の下地があったからである。江戸時代の末期になると、商人や大名資本による小工場が各地に建てられていた。そうした工場で働こうと農村から労働者が集中し、地方の荒廃が加速するといった問題も起きている。

工業に目覚めていた江戸の日本

日本の工業化は、明治時代になってから受け身で上から進められたと思われることが多い。江戸時代の日本は農業中心で工業が育つ土壌がなく、産業革命を経た欧米に大きな差をつけられていたと考える人も少なくないだろう。

その考えは、重工業に限れば大きく間違ってはいない。しかし、軽工業は江戸時代後半から発展の兆しを見せており、それに伴う社会問題も見られるようになっていた。

江戸時代の初めごろ、商品価値の高い工業品の需要は富裕層に限られていた。この場合、職人が個人で作る「家内制手工業」か、商家が農家に道具を貸して商品を作らせる「問屋制家内工業」でまかなうことができた。ところが、1800年代ごろから庶民の購買力が高まり、民間でも工芸品や特産品の需要が急激に高まったことで、生産体制にも変化がみられるようになった。個人生産でまかないきれない需要に対応するため、商家は工場を設立するようになったのである。

設立されたのは工員十数人ほどの小工場だったが、生産性は大きく向上した。需要の高い商品の生産を増やし、作業を分担制にしたことで、大量生産が可能となったのだ。いわゆる「工場制手工業（マニファクチュア）」であり、繊維工業において、特に発展していった。

すでに摂津国の酒造業でもマニファクチュアは見られたが、繊維工業はそれ以上の広がりを見せる。**江戸時代の日本では、生糸をつくりだす蚕の育成や、木綿の元となる綿花の栽培が盛んだった**からだ。生糸は高級服として、木綿は庶民の普段着としての需要があったために各藩で生産が奨励され、日本全国に波及したのである。

また、生産体制の変化に伴い、技術も進歩した。職人の手製から、大型の機織り機である「高機《たかばた》」や水車式の「水力八丁車」などを使う体制に移行していったのだ。まさしく資本主義による工業化の芽生えである。

当初、工場制手工業は綿織業が盛んな大坂や尾張都市部で見られたが、幕末までには地方の農

19世紀初頭に描かれた機織りの様子

村部にまで小工場が建てられるようになった。その結果、明治維新を待たずに工業の下地ができることになったのである。

ただ、領主層からすれば、工業化の進展は社会構造を変化させる危険があった。事実、賃金労働者として雇われた農民が、儲からない農業を見限り田畑を捨てるケースが増加。**耕作者が減少して、農村が荒廃し始めた**のだ。

この問題に対する諸藩の対応は、大きくふたつに分かれた。農村復興政策によって旧来の社会へ回帰するケースと、工業化の流れに乗り、藩営工業の設立や特産品の専売制で富を増やすケースである。

このうち、後者を選んだのが薩長だ。薩摩藩は砂糖の専売制、西洋式工場群の建造を、長州藩は紙やロウソクを量産・専売を通じて、財政を潤した。この利益を元手に藩政改革を進めた結果、薩長は強大な経済力と軍事力を持つようになり、討幕運動の中核勢力になりえたのである。

38

列強が日本を植民地にしようとしていたというのはウソ

通説

19世紀後半、欧米諸国はアジアに進出し、インドや東南アジア諸国を植民地としていった。古い体質の幕府は植民地化の脅威に対応できなかったが、薩長を中心とした雄藩の活躍により、王政復古が実現。幕府が倒れて新政府が誕生したことにより、日本は植民地化の危機を脱することができたのだ。

イギリス・フランス軍と清国軍が衝突したアロー戦争の様子。敗れた清国はイギリスへの香港割譲や天津の開港などを強制された。

真相

幕府は早くから欧米列強によるアジア侵略の情報を把握し、対策を練っていた。開国後は外国と交流を続けたことで、**戊辰戦争のときに諸外国の干渉を防ぐことに成功している**。そもそも、諸外国は日本を植民地とする意思はなかったとも考えられている。

植民地化どころではなかった

幕末期には、インドや清国をはじめ、アジアが欧米諸国による植民地化の危機に直面した。日本もアメリカをはじめとした国々から不平等条約を押し付けられ、薩摩や長州は外国との戦争で大きな被害を被っている。

しかし、こうした脅威に直面しながらも、日本は列強によって植民地化も領土の割譲も押し付けられなかった。隣国である清国が列強から土地を奪われ、保護貿易策を撤廃させられていたにもかかわらずである。いったいなぜか？

一般的には、雄藩が幕府を倒して中央集権体制をつくり、近代化政策を急速に進めたことが要因だと考えられることが多い。だが、**幕府は諸外国の脅威に対抗すべく、開国前から策を講じていた**。そのきっかけが、天保11（１８４０）年に起きた**アヘン戦争**である。

アジアの大国清がイギリスに敗れたことは幕府に衝撃を与え、対外政策を変化させた。天保13年に幕府は「異国船打払令」を廃止し、遭難した船に薪や水の補給を認める「薪水給与令《しんすいきゅうよれい》」を出して外国船舶への態度を軟化。開国後は特にフランスとの関係を強化して近代化政策を実施していた。

こうした下地があったからこそ、日本の内乱に諸外国は干渉しなかった。大政奉還後、徳川慶喜は薩長との衝突を予測し、内乱が起きた場合、不干渉の立場を保つよう諸外国に依頼。鳥羽伏見の戦いが始まったときも、イギリス、フランス、アメリカ、オランダ、イタリアの公使に対し、不干渉と中立の立場をとるよう要求している。各国の公使は要請どおり局外中立を宣言した。

もちろん、列強による侵略が起きなかったのは、欧米側の事情も関係している。幸運にも、**各国は日本を侵略している余裕がなかった**のだ。

海洋帝国であるイギリスは、１８５６年に終結したクリミア戦争の戦後処理が残っていたため、極東の日本にまでは目が届かず、それよりもインドや清国における植民地政策を優先していた。

同じくフランスも、クリミア戦争の戦後処理や対外関係の緊張で余力がなく、日本を開国させたア

クリミア戦争は、バルカン半島の権益をめぐって起きたイギリス・フランス・トルコ対ロシアの争い。敗北したロシアは国内改革に向かい、列強はトルコへの干渉強化に動いた。

メリカは1861年に南北戦争が始まって国内が混乱していた。各国とも、日本を侵略できる状態ではなかったのだ。

また、**そもそも諸外国は、日本を植民地にする意図が希薄だったという見方もある**。

列強が植民地を設けたのは、市場と資源・食糧供給基地を確保するためである。経済市場はともかく、資源に乏しく平野が少ない日本は、プランテーションをつくるのに適さなかった。しかも、極東に位置する日本に人材や物資を送り、軍隊を常駐させ、行政府を設置し、各種インフラを整えることは、膨大な資金・時間が必要となって効率が悪かった。日本は「投資に見合わない植民地」になる可能性が高かったわけだ。

幕府や雄藩が列強による植民地化に危機感を抱いていたのは事実だが、当時の状況を考えると、他のアジア諸国のような侵略を受ける可能性は低かったのである。

39
江戸幕府が実力より家柄を優先したというのはウソ

通説

封建社会である江戸時代において、武士は高い家柄でなければ立身出世は不可能だった。身分が高い家柄であれば、能力が低くても出世が保証されていたため、幕府は徐々に弱体化し、幕末においてその機能不全が露呈していく。幕府が新政府に敗北を喫したのも、こうした硬直した身分制が原因のひとつだった。

左は御家人から出世して旗本最高の地位である勘定奉行にまでのぼりつめた川路聖謨。右は笠間藩の下級藩士出身ながら能力を認められて勘定奉行並にまでなった小野友五郎。

真相

財政を担当する勘定所や監察役の目付といった実力重視の部署で結果を残せば、家柄が低くとも出世は可能だった。身分制があったのは事実だが、旗本以下の身分であっても、実力次第ではとりたてられるチャンスはあった。

実力も重視した江戸幕府

江戸幕府はなぜ薩長に負けたのか。その一因として、幕府が古い身分制から脱却できなかったからだという意見がある。

幕府の職制は、将軍の下に大老、老中、若年寄などの政治的判断を下す役職を置き、その下に各奉行職を配置していたが、上位ポストに就けるのは譜代大名だけで、旗本は町奉行より上にのぼることができなかった。

一方で、薩長などの雄藩が有能藩士を幹部候補として育成し、優秀な人材が藩政を動かすようになっていたため、身分制への対応が組織力の違いを生んだと思われても、無理はないかもしれない。

確かに、江戸幕府が身分制によって硬直した組織だったことは事実だ。しかし、実は重要政策を担うポジションについては、江戸時代の半ばごろから個人の能力を重んじていた。

幕政の意思決定機関は老中や若年寄が中心だったが、幕政の立案・実施を担っていたのは、奉行所などで働く旗本たちである。こうした実務官僚には、専門性や行動力が求められることから実力が重視される傾向が強かった。なかでも江戸町奉行は、現在の警視総監、最高裁判所長官、東京都知事などにあたる役目であったため、並みの旗本では務まらない役職だった。

では、江戸町奉行にはどのような旗本が就いたのか？　多くの場合、「目付」や「勘定奉行」を経ることが多かった。目付は他奉行の監視役であり、勘定奉行は財政を担当する勘定所のトップだ。どちらも実力が重んじられ、その構成員も優秀な者が求められる傾向があった。

特に、勘定所は幕府の機関としては珍しく「筆算吟味」という採用試験を実施しており、身分が低い者にも門戸を開いていた。しかも、数は多くないものの叩き上げで勘定奉行に上り詰める者もおり、立身出世を目指す一般武士にとっての、いわば関門だったのだ。

そして黒船来航以降、人材の確保と育成のために、幕府は下級武士であっても積極的に抜擢するようになる。御家人や他藩の藩士、商人、富農をとりたてるようになったのだ。明治の言論界で活

実力を買われて幕臣にとりたてられた福沢諭吉（左）と渋沢栄一（右）

躍する福沢諭吉も、元は他藩の下級武士で、経済界をリードする渋沢栄一も、豪農の出身である。

こうした考え方は、徳川家が静岡藩に転封されても継承された。静岡藩では幕府の研究機関である開成所を元にして「静岡学問所」と「沼津兵学校」を設置。**高い水準の教育を、旧幕臣だけでなく、農民や町人であっても学ぶことができた**。この身分にとらわれない姿勢は全国から注目を集め、新政府も教育制度の参考にしている。

1872年の学制発布までに両校は廃止となるが、卒業生と教師は大多数が新政府に召し抱えられたのである。

その後、武士階級以外が活躍できる土壌も、明治になって少しずつではあるが、作られることになる。そして明治維新から26年後の1893年、官僚への登竜門である高等文官試験制度が整備された。

見過ごされがちだが、新政府の教育制度や人材登用の在り方にも、幕府は少なからず影響を与えていたのである。

40 明治維新後に旧幕臣は政治参加できなかったというのはウソ

通説

明治維新の後、幕臣たちは新政府に冷遇された。屋敷や収入は奪われ、家族もろとも未開拓の北海道や僻地に追放され、厳しい生活で餓死する者が後を絶たなかった。有能な人材でも政治に関わることはできず、明治時代の政務の中心的地位は、薩長の志士が占めたのである。

幕府の教育機関で東京帝国大学の前身のひとつ開成学校。ここで教育を受けた人材が明治政府でも活躍していた。

真相

全国支配のノウハウに欠けていたことに加え、深刻な人材不足にあったため、**旧幕臣の力を借りなければ、新政府は機能することができなかった**。新政府は幕府の制度を利用し、経験豊かな旧幕臣のノウハウに学びながら支配体制の確立を目指したのだ。その結果、旧幕派の力は強まり、徳川慶喜も一時政界に復帰している。

旧幕派が支えた明治維新

江戸城開城後、約3万人の幕臣たちはどのような運命をたどったのだろうか？　新政府と敵対していたことから、冷遇されて極度の貧困に苦しんだと思う方もいるかもしれない。

確かに、慶喜に従って静岡藩に移住した旧幕臣が生活苦に陥り、幕府に味方した会津藩などが冷遇されたのは事実だ。しかし、新政府は政策上の必要から、旧幕臣をないがしろにするわけにはいかなかった。

というのも、**薩長土肥を中心とする新政府の面々は、藩政規模の統治しか経験したことがなく、全国規模の統治ノウハウに欠けていた**。そこで白羽の矢が立ったのが、江戸幕府の実務官僚である旗本・御家人らである。

幕末の激動に対処すべく、幕府は優秀な人材を囲い込み、責任ある地位に置いていた。また、徳川家は移封された静岡において教育に力を入れ、人材育成にも熱心だった。この人材を使って幕府の支配機構を受け継いだことで、新政府は全国統治の術を学ぶことができたのである。

国会開設まで、新政府は全国の奉行所と人材を統治機関として機能させ、旧幕臣が希望すれば「朝臣」として召し抱えた。3万人の幕臣のうち、5000人がこれに応えている。出仕を拒んだ旧幕臣も少なくないが、それでも明治7（1874）年の官員録によれば、**政府官員の3割近くが旧幕臣**だった。初期の政府は旧幕臣に支えられていたことがよくわかる。

また、薩長が政治の要職に就くなかでも、能力を買われて高官として出仕した旧幕臣もいた。代表例が**榎本武揚**《えのもとたけあき》だ。

榎本は箱館戦争を主導して新政府に抵抗を続けた過去があるが、終戦後は北海道の開拓使として仕官した。その後、蝦夷地開拓や対露交渉で功績を残し、海軍中将にも就任。明治18（1885）年12月に発足した第一次伊藤博文内閣では初の逓信《ていしん》大臣に登用され、その後も幾多の大臣職を歴任

新政府で大臣職を歴任した榎本武揚（左／国会図書館所蔵）と明治時代を代表するジャーナリスト福地源一郎

している。その他、「日本資本主義の父」こと渋沢栄一も元は慶喜の側近であるし、勝海舟も外務大丞《だいじょう》（省のナンバー4）や元老院議官などの役職を歴任している。

一方で、**政府に参加せず、言論界で活躍した旧幕臣も少なくない**。沼間《ぬま》守一《もりかず》のように自由民権運動に参加した者もいれば、『学問のすゝめ』の作者・福沢諭吉や「東京日日新聞（現毎日新聞）」を主筆した福地源一郎のような人物もいた。新しい時代においても、その基礎づくりの多くに幕臣が多大な影響を残したのである。

ちなみに、薩長から目の敵にされた徳川慶喜も、明治35（1902）年に貴族院議員として政界に復帰している。最後まで一議員として過ごしたが、徳川宗家次期当主の徳川家達《いえさと》は30年近く貴族院議長を務めた。辞退したものの、大正時代には総理大臣の候補にも挙がっている。明治時代後期になっても、徳川の名前は忘れられていなかったようだ。

41
新選組が局中法度で隊士を粛清していたというのはウソ

通説

新選組の強さを支えたもの。それは強固な統率力である。近藤勇と土方歳三は隊をまとめ上げるために厳しい掟を制定し、違反者は有無を言わさず切腹させた。こうした厳しい条項を含む鉄の掟は「局中法度《きょくちゅうはっと》」と名付けられ、新選組の厳しさを表すルールとして現代に伝わっている。

新選組の鬼の副長土方歳三（左）と総長の山南敬助の墓（右）。山南は脱走の罪で捕らえられ、切腹することになった。

真相

新選組に隊規があったのは確かだが、「違反者は切腹」という条項はなかったし、当時は局中法度と呼ばれていなかった。**厳しいルールや局中法度という名称は、作家の創作**である。厳しい規則だったものの、違反者が必ず切腹したわけではない。事実、謹慎で済む者や一度脱走したのちに許された隊士もいた。

新選組隊規の実情

血気盛んな浪人たちをまとめるためにつくられた、新選組の鉄の掟。それが有名な局中法度だ。

「士道に背くべからず。局を脱するべからず。無断で金策を致すべからず。勝手に訴訟を取り扱うべからず。私闘をするべからず」

このルールに違反すれば、切腹や粛清は免れなかった。隊規を元に組織は運営され、粛清された隊士は、新選組が成敗した志士の倍近くいたという。

しかし実際には、新選組はこれほど厳しく運営されたわけではなかった。確かに、新選組に隊規があったことは、隊士だった永倉新八が後年に回顧している。しかしその内容は前述した五項目のうち四項目だけで、私闘禁止のルールは含まれていなかった。そもそも、永倉は隊規のことを禁令と呼んでおり、**局中法度という呼び名が幕末からあったことを示す史料は存在しない**。

では、なぜ新選組の隊規は局中法度と呼ばれ、私闘禁止のルールが追加されたのか？　これには、作家・子母澤寛の執筆した『新選組始末記』が影響している。子母澤は1928年に出版したこの小説において禁令を局中法度と名付け、本来はなかった私闘禁止の項目を加えたのである。

子母澤がこうした変更を加えたのは、**「軍中法度」を参考にした**からだとされる。軍中法度とは、禁門の変後の元治元（1864）年11月に定められた戦時用の隊規のこと。ここに私闘禁止の条項も含まれているのだ。おそらく、子母澤はこの軍中法度を参考にして局中法度という名称をつくり、小説の内容を面白くしようと、私闘禁止条項も加えたと考えられる。そして目論見通りこの小説が大ヒットしたことで、局中法度の名前も世間に広く知られるようになったのだろう。

実際には、隊規に厳しい条項はあるものの、違反者が必ずしも悲惨な末路をたどったわけではなかった。微罪や謹慎で済むことも多く、厳しい処罰が決まっても、脱走に成功して刑を免れた者も多数いた。遠方に逃げられれば、わざわざ苦労して追跡しようとまでは考えていなかったようだ。

御陵衛士を組織したことなどが咎められて新選組に殺された伊藤甲子太郎らの墓。新選組の脱退経験がある阿部慎蔵も御陵衛士に参加していた。（『維新の史蹟』国会図書館所蔵）

柴田彦三郎のように潜伏先から連れ戻されて切腹となった隊士も多いが、一方で**脱走後に帰参を許された隊士もいた**。その一人が、阿部慎蔵（高野十郎）という男だ。隊の結成初期のメンバーだが、池田屋事件の直前に脱走し、その後は切腹となるはずだった。だが、土佐藩士らによる大坂城制圧計画を新選組と共同で防いだ功績を称えられて、特別に再入隊を許されている。

にもかかわらず、慶応3（1867）年3月に隊士の伊東甲子太郎《いとうかしたろう》が御陵衛士《ごりょうえじ》を組織すると再び脱隊してこれに参加。御陵衛士は新選組に壊滅させられたが、今度は薩長側に寝返り、伏見で近藤勇を銃撃している。近藤は肩を負傷しただけで済んだが、再入隊のときに小説のように厳しく規則を運用していれば、恩を仇で返されることはなかったかもしれない。

ちなみに、阿部は維新後、開拓使などに務め、退官後は北海道で果樹園を経営。1907年まで生きている。

42 立憲君主制が明治時代になって構想されたというのはウソ

通説

日本に憲法の概念が生まれたのは明治維新以後である。江戸幕府は最後まで幕政の維持に固執し、新政府も当初は薩長出身者を中心とした寡占的な政治で日本を動かした。しかし国会開設運動が高まった結果、政府も憲法制定を決定。これによって大日本帝国憲法が施行され、日本にも君主を憲法で制御する「立憲君主制」が生まれたのである。

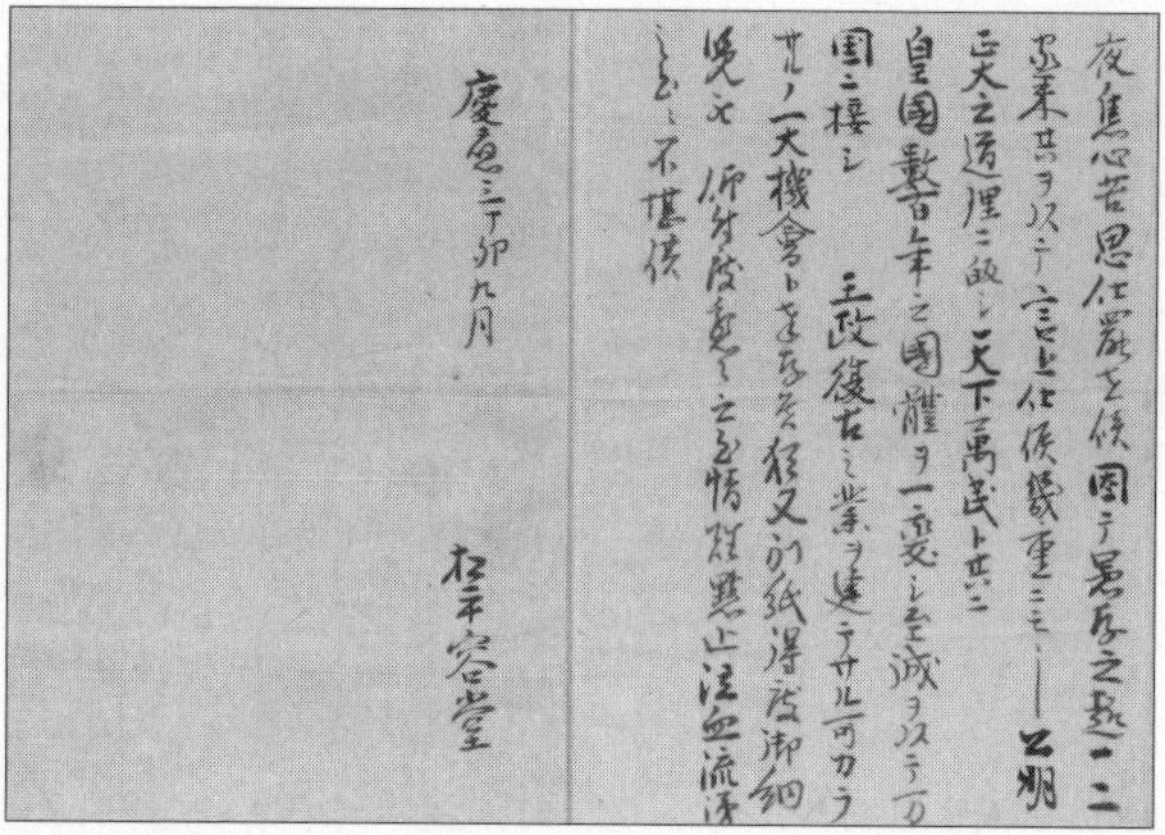

山内容堂が徳川慶喜に建白した大政奉還の写し（『土佐藩大政奉還建白書写』国会図書館所蔵）

真相

明治維新以前から、江戸幕府は立憲君主制を構想していた。徳川家がトップという点は幕府と変わらなかったが、大名をその構成員とした議会を開設するなど、具体的な政権プランをいくつか立案していたのである。

徳川慶喜の新政府構想

「東照公（徳川家康）は幕府を開いたが、自分は日本のため幕府を葬る任にあたるべし」

徳川慶喜が明治維新後に語った将軍就任の理由である。幕藩体制の限界は慶喜も理解しており、明治維新の前から新体制への移行を模索していた。ここで慶喜が目指した新体制案というのが議会開設だった。

大政奉還の上表文にも「広ク天下ノ公儀《こうぎ》ヲ尽クシ」という一文があり、これも幕府消滅後の議会開設を謳ったものとされている。つまり、維新後の自由民権運動で実現した議会制の導入を、幕府は遥か以前から計画していたことになる。それどころか、具体的な改革案も幕臣によって起案されていたのだ。

では、江戸幕府が目指した新体制とはいかなるものだったのか。慶喜の側近だった西周《にしあまね》は、幕臣の平山敬忠《よしただ》に「議題草案」を提出していた。西は東京大学の前身である開成所の教授を務めており、新体制の構想作業でも、中核の一人として活動した。欧米への留学経験もあり、慶喜に外国語を教えた人物でもある。

西が発案したのは、**司法、立法、行政が独立した三権分立を主軸とする立憲君主制度**である。「王は君臨すれども統治せず」の原則に基づくイギリス議会を参考にしたという。

大坂に設置予定の行政府には、1万石以上の大名で構成された上院と、各藩主に選ばれた議員（1名）を集めた下院を設け、これらを最高指導者の大君が統括することになっていた。もちろん、大君となるのは徳川家の当主である。天皇については、改元や爵位の授与などを扱う象徴的な存在に収めようとしていた。

西の案は、「将軍家は天皇から政権を委任されている」という江戸幕府の建前と相性がよく、幕臣にとっても受け入れやすかった。実際、西の案に慶喜も理解を示し、他の幕臣にも議会制は伝えられていた。

この他にも、慶応3（1867）年には「日本国総制度」という新体制案が、開成所の教授・津

幕府によるオランダ留学の参加者たち。前列右端が西周で、後列右端が津田真道。

田真道によって立案されている。トップが徳川将軍という点は西の案と同じだが、津田案の目玉は**一般国民から議員を選出する規定**にある。旧武士階級が占める上院に対して、下院は全国民のうち10万人につき1人を選抜して構成するとした。「選挙制度」の導入である。普通選挙法の施行が大正14（1925）年、制限選挙でも明治22（1889）年であることと比べたら、幕府は数十年も前から「民主的」な政権運営を計画していたことになる。

これらの案は、大政奉還後の政権構想にも大きな影響を与えていた。慶喜が主導権を握り続けていれば、西の案をもとに議会が設立されていたことだろう。

ただ、西の案が採用されたとしても、近代化がどの程度進んだかは未知数である。幕藩体制の権力図が継承されれば、側近や旧幕府重鎮の権力は高いままだったはずだ。少なくとも、幕藩体制の改編だけでは明治維新ほどの急激な変化は訪れなかったのではないだろうか。

43 幕末の民衆が幕府打倒を支持していたというのはウソ

通説

黒船来航以前からの社会不安と度重なる天災で、人々の心は幕府から離れつつあった。そうした状況下で討幕を掲げた薩長に、人々の支持が集まるのは必然だった。行軍する先々でも民衆からの支援は絶えず、やがて実現した明治維新も喜んで迎えられた。薩長が討幕を成せたのも、こうした庶民の支持があったからなのだ。

ロウソク屋の会津藩が悪徳客の薩摩藩を追い払っている風刺画。ロウソクは会津藩の産業として有名で、幕末の風刺画に会津の象徴としてよく描かれた。(「徳用奥羽屋」国会図書館所蔵)

真相

佐幕派の影響が残る関東・東北では、新政府へ反発する声も大きかった。中でも、**薩摩藩士の横暴で治安が急激に悪化した江戸庶民は新政府に不信感を抱いていた**。幕府が追い詰められたのちも、旧幕軍の逆転を願う風刺絵が流行ったほどである。

新政府を嫌う江戸民衆

黒船来航から続く急激な物価上昇に苦しむなかで現れた、討幕を目指す諸藩の志士たち。人々は新しい世を目指す勢力に希望を見出し、明治維新を歓迎とともに受け入れた——。

討幕運動に対する幕末の庶民の反応を、このように考える人は多いのではないだろうか。

だが、話としては美しいものの、事実は大きく異なっている。確かに新政府寄りの人々も多数いたが、一方では江戸の庶民のように、薩長を懐疑的にみる人々も少なくなかったのだ。

幕末の激動を経て幕府は政治的には弱体化したものの、江戸で暮らす大多数の庶民からすれば、幕府への信頼は揺らいでいなかった。むしろ将軍家に親しみを抱き、江戸の治安を脅かす薩摩や長州を煙たがっていた。それは、当時非合法に発行されていた風刺絵から読み解くことができる。

江戸時代を通じて庶民は政権批判を厳しく禁じられていたため、新政府に対して批判する手段もなく、新聞のようなマスメディアも生まれていなかった。しかし、慶応4（1868）年の春ごろより状況は変化する。**風刺目的の錦絵が大流行した**のだ。

本来、印刷物は発行者を明記するよう幕府に義務づけられていたが、その幕府がなくなったためか、発行元を記さない錦絵などが大量に出回ることになった。戊辰戦争を相撲に見立てたものもあれば、旧幕派と薩長の対立を忠臣蔵で表したもの、くじ引き会場で会津が一等を取るように願うもの、会津が薩長を追い払う様子を描いたものなどが発行され、江戸だけで30万部も売れたという。

江戸庶民が旧幕派を応援したのは、**新政府軍の横暴に嫌気が差していた**からだ。薩摩は幕府を挑発するため江戸庶民を襲い、幕府寄りの商屋を焼き討ちにしていた。江戸城開城後も略奪や暴行は終わらず、庶民の間では不安が広がる一方だった。

新政府軍と旧幕軍の戦いを子どもの喧嘩に見立てた錦絵（「子供遊端午のにぎわい」国会図書館所蔵）

江戸庶民の証言を集めた『戊辰物語』にも、「つまらない言いがかりでよく町人を斬った」「吉原ではひどく嫌われた」「薩摩藩邸は追い払われたのに強盗が未だ出没する」など、**新政府軍の横暴を伝える証言が数多い**。『戊辰物語』は1928年から始まった東京日日新聞の連載記事をまとめた本であるため、証言が脚色されている可能性は否めない。だが、インタビューを受けた人々の生々しい声からは、新政府をどう思っているかがわかって興味深い。

しかし、この江戸以上に新政府に不満を抱いていた地域がある。戊辰戦争の舞台となって荒廃した東北地方だ。中でも会津は、新政府の兵によって村々が略奪・放火の被害に遭い、婦女暴行も相次いだといわれており、現在でも薩長への反発心は残っている。

明治新政府の船出は、決して万民から祝福されたものではなかったのである。

44 脱藩すると必ず死罪になったというのはウソ

通説

脱藩とは文字通り武士が藩を抜けることだが、それは主君への裏切りを意味する犯罪行為だった。捕縛されれば重罪になるのはもちろん、残された家族や一族も罪に問われ、お家断絶になることも少なくなかった。しかも、藩を飛び出すことができても、関所で封鎖された街道の移動は困難で、いつ捕まるかわからない不安定な状態だった。

愛知県の坂本龍馬脱藩之日記念館近くにある「飛翔の像」。土佐藩を脱藩した坂本龍馬、沢村惣之丞、那須俊平の三人がモデル。

真相

正規の手続きを踏めば合法的に脱藩をすることは可能であり、仮に許可なく脱藩をしても、**微罪で済ませられることは珍しくなかった**。また、関所は機能を半ば失っていたため、脱藩後の移動は比較的容易となっていた。

認められていた脱藩の権利

坂本龍馬や中岡慎太郎、高杉晋作など、幕末には志を遂げようと藩を抜ける志士が多数いた。また生活苦から脱藩し、新選組のような浪人隊に参加した者も多かった。収入がゼロとなってはしまうが、自由な活動のためならばと、脱藩者は増えていった。

しかし、どんな理由があるにせよ、封建社会において藩を抜けるということは、君主に弓引く重罪である。それに藩士の離脱は情報漏洩にも繋がりかねないため、多くの藩では脱藩者に対して死罪や御家取り潰しなど、厳しい罰を設けていた。

ただし、すべての藩が死に相当するほど厳しい処分を下したわけではない。幕末には長州藩士が西へ東へ飛び回って尊王攘夷運動に勤しんでいたが、彼らが活動できたのは、脱藩に寛容だった藩の方針も影響していた。

たとえば、長州藩士である吉田松陰は22歳のときに友人との東北見聞を計画していたが、移動許可がなかなか下りなかったので、藩に黙って東北へと旅立ってしまった。無許可の旅行は脱藩に相当するため、普通に考えれば死罪である。しかし、長州藩は松陰を江戸で捕えたものの、命までは奪わなかった。武士身分と収入が没収されたものの、藩主の計らいで10年間の国内遊学の許可が下り、学びの場を広げている。

また、**松陰の弟子で奇兵隊の創設者、高杉晋作は脱藩の常習犯としても有名で、5回以上も藩を抜けた**。それでも処分は短期間の投獄と謹慎で済んでいた。他の脱藩者も黙認されたり微罪で済まされたりして、死罪になった志士はほとんどなかったという。他の藩でも脱藩を黙認するケースは珍しくなかった。

脱藩が増えた背景には、**各地に設けられた関所が形骸化していた**ことが挙げられる。江戸時代初期は関所が機能し、自由な移動が難しかったが、幕末のころには資金不足等で関所の管理がずさんになっていた。もちろん、箱根などの要所は厳重に管理されたが、なかには藩の境を示す杭が打っ

高杉晋作（左）は脱藩の常習犯だったが、藩主・毛利敬親（右）の方針により不問に付された。

てあるだけの場合すらあった。そのため、脱藩後の行動にも過度の支障はなかったと考えられる。

もちろん、土佐藩のように脱藩者を厳しく取り締まる藩もあった。犯罪者として指名手配され、潜伏生活を余儀なくされた者も数多い。龍馬も藩主に罪を許されるまで、1年近くも表社会には出られなかった。

ちなみに、実のところ罰せられるのは無断で脱藩した場合であり、**合法的に藩を抜けることも可能**だった。詳細な手続きは藩によって異なるが、基本的には上司に藩籍から離脱する意思を示して身辺調査を受け、問題なしと判断されたら藩から抜けることができたのである。

ただし、吉田松陰の例をみるとわかるとおり、身辺調査には時間がかかるうえに、許可が必ず下りるとも限らなかった。責任ある役職に就いている者なら、機密保持の観点から認められることはまずない。そのため無断で脱藩するケースが多かったようだ。

45 奇兵隊は四民平等の近代軍だったというのはウソ

通説

長州藩の奇兵隊は、身分の区別なく参加できる先進的な組織だった。家柄ではなくやる気を重視したその運営方針により、隊員は平等に訓練を受け、服装は西洋式に統一されていた。藩を守ろうという高い意識に動かされていたことで、身分の上下にとらわれずに行動することが可能だったのである。

奇兵隊の隊士たち

真相

奇兵隊に農民など武士階級以外の者たちも参加していたのは事実だが、平等な組織だったわけではない。**隊内には身分による区別が厳然としてあった**のである。また、藩の防衛のためにと士気の高いものばかりが集まったのではなく、いやいや加わった隊員も少なくなかった。

身分で分けられていた軍服と呼称

奇兵隊は、長州藩士・高杉晋作の発案によって結成された西洋式の部隊である。

設立のきっかけは、文久3(1863)年に起こった下関戦争だ。欧米列強との力の差をはっきりと見せつけられた高杉は、諸外国に対抗できる近代的な軍隊の必要性を感じ、藩の首脳を説得して奇兵隊を編成した。

その一番の特徴は、隊員を身分に関係なく広く募ったことだろう。足軽や中間《ちゅうげん》などの最下層の武士や、これまで戦闘に加わることのなかった農民、町民までが奇兵隊には参加していた。それなら部隊の中では身分の違いは問われず、平等に訓練を受けたものだと思ってしまうが、それは大きな誤解である。

奇兵隊は庶民を中心とした組織だと思われがちだが、隊士の半数は武士が占めていた。農民は4割、その他が1割という構成だ。四民平等の軍隊といえるほど、構成員の出自は均質ではない。

また、そもそも隊規によれば、身分によって着るものなどは区別され、**武士以外の者は「匹夫《ひっぷ》」と呼ばれて区別されていた**。和装軍服の規定では身分によって使える生地や色が細かく分けられ、洋装に変わっても、生地は身分ごとに規定されたのだ。

このように、奇兵隊は決して平等な組織ではなかった。それに加え、**隊員のなかには無理やり奇兵隊に参加させられた者も少なくなかった**のである。

実は結成時において、奇兵隊には思うように人が集まらなかった。そこで藩は、農家の次男坊や三男坊といった家の跡継ぎになれない若者に目をつけ、強引に徴用したり、脅しをかけたりして隊に参加させたのである。村や町の乱暴者や鼻つまみ者が「仕方がないから、奇兵隊にでも入るか」という軽い気持ちで入隊することもあったため、訓練に耐え切れず脱走する者も少なくなかった。

しかも、玉石混交の奇兵隊は藩の正規部隊と折り合わず、最悪の事件を起こしてしまう。正規部隊の屯所である教法寺に押し寄せ、隊士の一人を斬殺したのだ（教法寺事件）。この事件の責任を

奇兵隊３代目総督の赤禰武人（左）と軍艦の山縣有朋（右）

とって、高杉は総督の職を罷免されている。隊結成からわずか3カ月後のことだった。

もちろん、問題があったとはいえ、奇兵隊が果たした役割は決して小さくない。第二次長州征伐では長州藩軍の要となって幕府軍を圧倒。戊辰戦争では政府軍の一部として戦い、戦果を挙げている。

では、戊辰戦争後に奇兵隊の面々はどうなったのだろうか？　山県有朋のように政府で活躍した者もいたが、**奇兵隊を含む長州藩の諸部隊は解散が命じられ、隊士たちはなんの論功行賞もなく解雇となった**。5000人を数えた諸隊隊員の中で、新たに結成される常備軍への職を得たのは、上級武士を中心とした2000人のみ。この処置に憤った諸部隊の隊士約2000人は、それぞれの部隊を脱退して反乱事件を起こしている。確かに、新しい時代のために戦ったのにこの仕打ちでは、反発するのも無理はない。

46 江戸の民衆は諸藩に関する知識がなかったというのはウソ

通説

情報公開制度がある現在とは違い、江戸時代の庶民が得られる情報は限定的で、武士について知るすべはなかった。町民は瓦版《かわらばん》や町触《まちぶれ》を介して情報に触れたが、支配層に都合の悪いことが書かれなかったため、得られる情報は断片的なものばかり。庶民は諸藩の動向や人事を知ることはできず、武家社会は彼らにとって、別世界として存在していたのである。

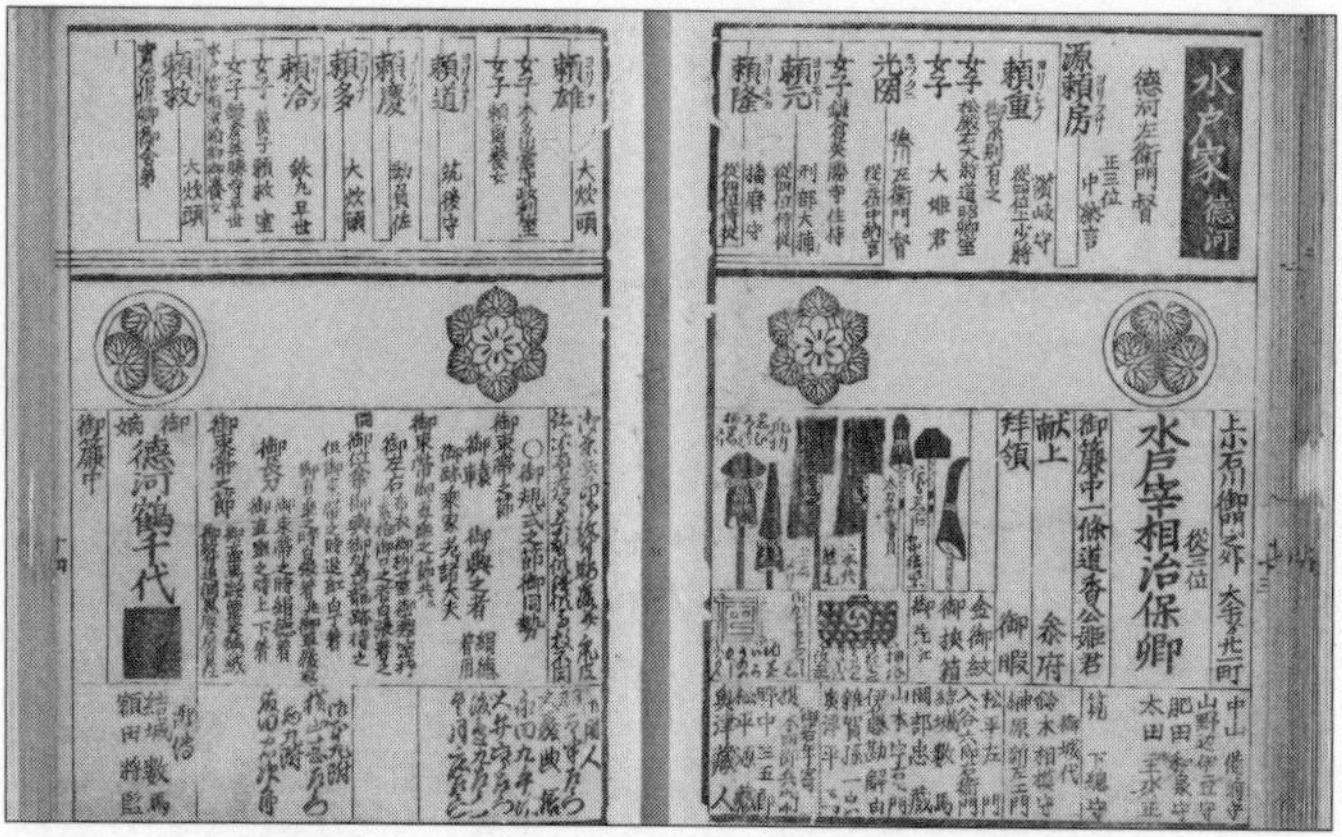
水戸家 徳川
水戸宰相治保卿

大名家の家臣や旗本の情報を集めた武鑑（『安永武鑑』国会図書館所蔵）

真相

江戸時代には「武鑑《ぶかん》」という諸大名の名鑑が発行されており、都市部の庶民なら書店で購入することができた。**武鑑は庶民に大人気の商品で、これを通じて庶民は細かな武家社会の情報を仕入れていた。**

江戸庶民の情報事情

江戸の情報媒体といえば「瓦版」が有名だ。災害や火事、事件などの時事ネタを扱ったニュースメディアで、江戸の人々の大事な情報源である。

ただし、当時はお上を批判する出版物を出せば関係者は処罰されたため、政治記事はご法度だった。大事件は別としても、政治や武士の事情が記事になることは滅多になかったと言っていい。そのため庶民が武家社会の事情を知るには、風刺画をみたり記事の裏を読み取ったり、幕府や諸藩が法令の実施を伝える「町触」を分析するしかなかった、というのが通説である。

しかし、実際には庶民でも武家社会の事情を知る手段はあった。その手段が、武鑑である。

武鑑には、旗本や諸大名の情報が記されていた。須原屋と出雲寺という書店が自ら武家の情報を集めてまとめた本だが、その情報密度は非常に濃かった。大名家に関する武鑑には、大名の名前だけでなく、家紋や家系図、家臣団、官位、領国の石高まで細かに記されており、幕府役人に関する武鑑には、役職情報まで載せられていた。『大成《たいせい》武鑑』や『慶応武鑑』など時代ごとの大名を記したものや、幕府高官のみを記した『袖玉《しゅうぎょく》武鑑』など、中には数ページだけを切り取った無料の摺《すり》物《もの》版まであった。

平均4巻から5巻と長大だが、都市部ではこれが売れに売れた。正徳6（1716）年に須原屋が出した『正徳《しょうとく》武鑑』は毎年改訂されて売れ続け、200年以上の超ロングセラーになったほどだ。その出版独占権をめぐって、須原屋と出雲寺は裁判まで起こしている。

なぜ武鑑はそれほどまでに人気を集めたのか？

第一に、**商売人からの需要があった**。商人にとって、大名家をはじめとした武家は高価な嗜好品を買ってくれる、大事な商売相手である。その商売相手に関する情報を集めるために、武鑑が重宝されていたというわけだ。

さらに時代が下ると、識字率の向上や購買力の高まりによって、一般庶民にも武鑑の愛読者が増

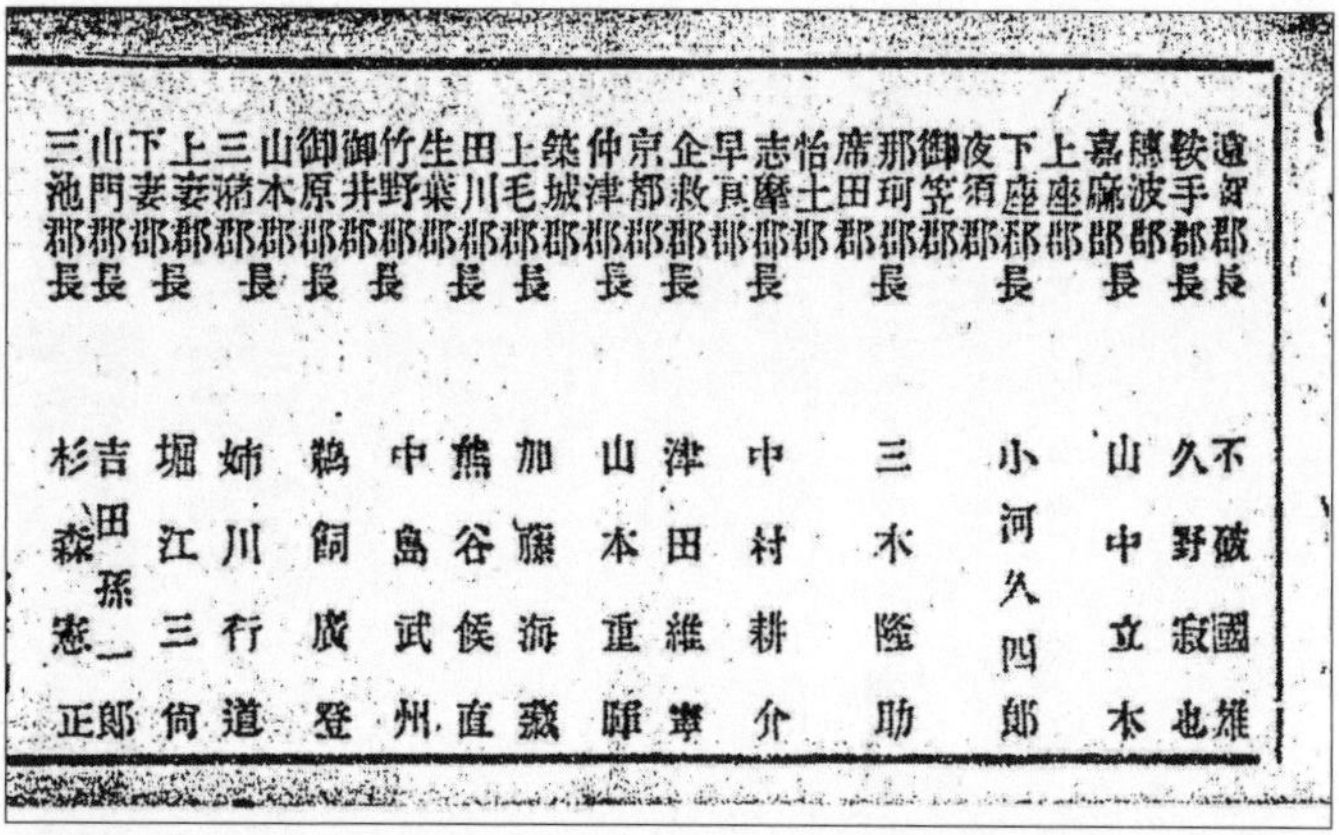

遠賀郡長	不破國雄
鞍手郡長	久野寂也
穂波郡　嘉麻郡長	山中立本
上座郡　下座郡長	小河久四郎
夜須郡　御笠郡　那珂郡長	三木隆助
席田郡　怡土郡　志摩郡長	中村耕介
早良郡　企救郡長	津田維寧
京都郡　仲津郡長	山本重暉
築城郡　上毛郡長	加藤海蔵
田川郡長	熊谷候直
生葉郡　竹野郡長	中島武州
御井郡　御原郡長	鶴飼廣登
山本郡　三潴郡長	姉川行道
上妻郡　下妻郡長	堀江三侚
山門郡長	吉田孫一郎
三池郡長	杉森憲正

1880年1月に出版された改正官員録（国会図書館所蔵）

加した。江戸には参勤交代によって諸藩の家臣団が集まるため、人々は武鑑の情報をもとにして、**大名行列をエンターテインメントとして見物していた**のだ。

さらに旅行ブームが到来した幕末になると、都市部の土産物として武鑑を購入する旅行者が増えている。庶民にとって、大名や上級武士は雲の上の存在だったが、だからこそ余計に興味を惹かれたのだろう。

では幕藩体制がなくなった明治以降には、武鑑も一緒に消滅したのだろうか。実は、明治維新後も「藩銘録」と名を変え数年間も発行され、廃藩置県で藩が廃止された後も、「改正官員録」として売り出されていた。

改正官員録で紹介されたのは政治家や軍人だが、書物の中では地方役人や士官候補生までもが網羅されて、大臣や指揮官クラスは住所までもが記録されていた。現代では考えられないことだが、当時の庶民にとってはお上の動向を知るための大事な情報源だったのである。

47

世直し一揆は幕府への反発から起きたというのはウソ

通説

幕府打倒に決起したのは、討幕派の志士だけではなかった。全国各地で、農民たちが社会不安に対処できない幕府を見限り、討幕を目指した一揆を起こしたのだ。反幕一揆は関東一円でも起こり、幕府の体制崩壊を早める要因となった。こうした一揆は「世直し一揆」と呼ばれ、幕府がいかに失望されていたかを現在に伝えている。

1855年に南関東で起きた地震に伴い、江戸では火災が発生。この前年にも東海・南海で地震が起き、社会不安が広まっていた。

真相

討幕派と同調して世直し一揆を起こしたのではない。**世直し一揆で求めていたのは体制の転換ではなく、生活の改善**である。そのため全国各地で起きた世直し一揆は、幕府だけでなく薩摩藩や長州藩など、討幕派の諸藩も対象になっていた。

農民たちの社会不安

不安定な情勢が続いた江戸時代後期は、農民にとっても苦難の時代だった。幕末以前から頻発する飢饉で農村は荒れ、嘉永7（1854）年には安政東海地震が、翌年には江戸直下地震が起きて、関東から東海は壊滅的な被害を受けた。また、貿易が輸出超過になったことで物価が上昇した上に、安い綿製品が流入して綿産業は打撃を受け、農民の生活を圧迫していった。

しかも、こうした変化に幕府は効果的な策を講じることができなかった。

そんななかで頻発するようになったのが、世直し一揆である。数十万人規模の農民が参加したとされる「武州世直し一揆」をはじめ、黒船来航以降に一揆は増加し、発生件数は年間100件を超えたという。続発する一揆が幕府の体制を揺るがしたのは間違いない。

ただ、ひとつ勘違いされていることがある。「農民は討幕派に同調して世直し一揆を行った」ということである。世直し一揆が幕府への不満に基づいているのは確かだが、薩長に役立ったのは結果論である。目的は生活環境の改善を要求することだったため、幕府だけでなく全国の藩が対象になっており、時期も幕末に限った現象ではなかった。

実際、**薩長でも世直し一揆は起きていた**。長州では天保2（1831）年7月に、藩主を相手にした「天保大一揆」と呼ばれる一揆が起きている。直接の原因は、皮番所で藩の御用商人から禁止物の犬皮が見つかったことにある。しかし一揆が大規模化したのは、藩が専売制を強化して作物を安く買い叩いたことで農民の不満が高まり、藩への不信感が募っていたからである。

一揆は瞬く間に藩全体へと広まり、近隣の徳山藩などにも波及。最終的には約15万人が参加する一大一揆に発展した。一揆は11月に終息し、首謀者とみられた農民10人が処刑された。しかし藩内外を合わせて800軒の商屋豪農が打ち壊されたことは、長州藩に大きな衝撃を与えた。結果として、藩は年貢や商業政策を見直さざるを得なくなった。

明治に起きた打ちこわしを描いた錦絵（『新聞附録東錦繪』国会図書館）

一方、一揆が少ないことで知られる薩摩藩でも、苛烈な支配に耐えられなくなった農民たちが、江戸後期から一揆を結ぶようになった。役人が少なく、藩から厳しく搾取されてきた奄美群島では19世紀初頭から一揆の勢いが大きかったが、幕末には本土においても一揆が起きている。安政５（１８５８）年11月、下級武士たちが藩に弾圧された一向宗徒や農民を加えて、加世田郷小松原（現南さつま市）で立ち上がったのだ。

参加を強要された農民も多かったが、本土で起きた一揆に藩内は大きく動揺した。一揆は日新寺の説得で三日後に解散したが、藩上層部の怒りは大きく、首謀者の８人は苛烈な拷問に晒されたのち、全員が流罪となった。

このような一揆は明治になっても鎮静化することはなく、逆に発生頻度がより高まった。**地租改正に始まる新政府の改革で生活がより苦しくなり、年貢半減が反故にされたことへの失望が高まった結果**だった。

48 百姓一揆や打ちこわしが無秩序だったというのはウソ

通説

藩や幕府の役人が理不尽な仕打ちを押し付けようとしたとき、農民は武器を持って抵抗した。いわゆる「一揆《いっき》」や「打ちこわし」である。竹槍や農具で武装した農民は、一揆を起こすと役人の邸宅や代官所などに大挙して押し寄せ、暴力をもって抗議。また、打ちこわしの対象になった商家は農民たちによって無秩序に略奪・破壊され、大きな損害を被っていた。これらの農民暴動は、江戸時代に3000件以上も発生したことがわかっている。

江戸時代の百姓（円山応挙「七難七福図巻」福寿巻（部分）　相国寺所蔵）

真相

一揆勢が暴徒化したのは戦国時代から江戸初期にかけてのことであり、**幕末までには秩序立った抗議活動に変わっていた**。人を殺すことが目的ではなかったため、竹槍が持ち出されたことはほとんどない。むしろ守るべきルールがいくつかあり、打ちこわしに関しても大半が秩序のもとで行われていた。

農民流のデモ活動

竹槍や農具で武装した農民たちが、年貢減額を求めて役人の屋敷を襲撃する。時代劇などの百姓一揆は、このような暴動の一種として描かれるのが定番だった。

確かに戦国の世の空気が残る江戸時代初期では、一揆勢が暴徒化し、破壊行為に走ることもあったが、江戸中期ごろからの一揆は、暴力的な行為を慎む傾向が強かった。江戸時代の一揆は、農民が支配層に自分たちの要求を訴える集団直訴だったからだ。幕府や大名の支配から脱却する意図はなく、年貢の緩和や役人の交代を求める組織的な行動だったのだ。江戸時代中期から増えたのは、大勢で領主・役人の屋敷に押し寄せる「惣百姓一揆」である。農民は農具や旗を手にしていたが、これはあくまで「自分たちは農民である」というアピールだった。

秀吉の刀狩の影響で農民は大した武器を持っていないと思われがちだが、実際には刀は免許制になっただけで、農民はその気になれば武器を持つことができた。狩猟用の鉄砲を持つ者もいたため、本当に襲撃する気があったなら、これらの武器をもって役所へ向かったはずだが、**殺傷行為は固く禁じられていた**。略奪や放火も許されず、違反者は農民であっても厳しく処罰されている。実際、天保11（1840）年の「庄内藩三方領《さんぽうりょう》地《ち》替《がえ》反対一揆」において、盗みを働いた百姓が仲間たちから生き埋めにされかけたという話が残っている。

幕府は徒党を組むことを禁じていたため、暴力的でなくとも一揆の首謀者は後日に捕縛された。だが、**農民の要求は受け入れられることが大半だった**。農民から徴集する年貢が幕府や藩の財源だったため、彼らの訴願を無視すれば、逃散や武力蜂起などに走る恐れもあった。そのため支配層は、農民の要求に応えざるをえなかったのである。

同様のことは打ちこわしにも言える。商屋への襲撃と聞くと過激な印象を受けてしまうが、実質は悪徳商人に対する抗議活動である。一揆と同じく、無差別破壊にならないためのルールがあった。

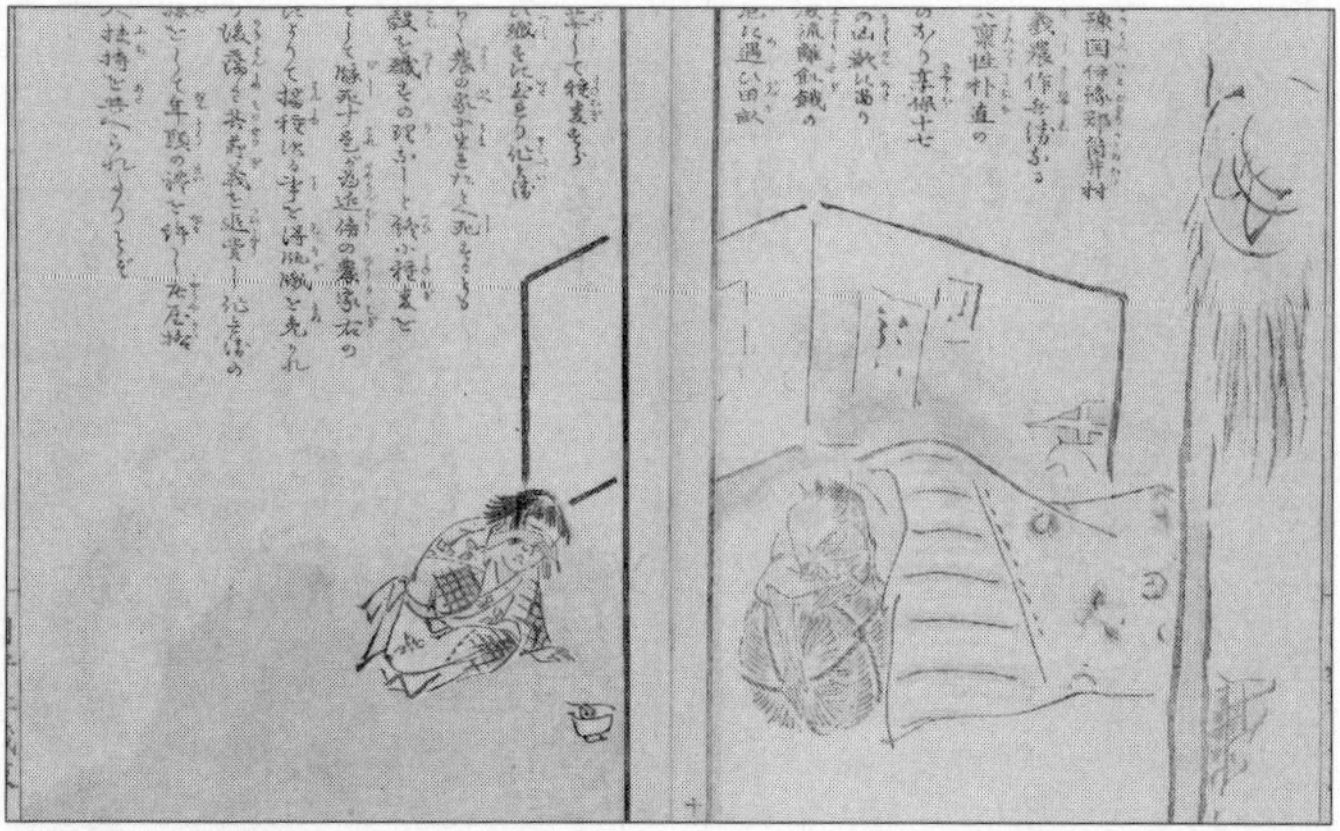

江戸の飢饉の惨状を伝える書籍。1885年に刊行された。飢饉などで生活が苦しくなると、農民は一揆によって減税などを要求した。(『凶荒図録』国立公文書館所蔵)

まず、ターゲットは米価を不当に吊り上げるような商家である。襲撃前に店を包囲して改善を迫るが、それでも応じなければ店を襲撃した。といっても、商人や従業員は傷つけず、略奪行為は禁止された。町が全焼しかねない放火も厳禁である。家具や商売道具を破壊し、米を路上投棄することで、商家への抗議としていたのだ。

天明7（1787）年5月に全国規模で発生した「天明の打ちこわし」では、江戸だけでも500件以上の商屋が打ちこわしの被害にあったが、略奪や暴行はかなり少なく、幕府側には「**丁寧で礼儀正しい狼藉だった**」と評価する者もいたという。

一揆は江戸時代で最低約3000件、打ちこわしは400件以上起きたといわれ、多くが享保年間（1716～1736年）直前から幕末期に集中している。幕府の改革と年貢増額が本格化した時代なので、それらに対する農民の反発も高まったのだろう。

49

「ええじゃないか」が自然に発生したというのはウソ

通説

天から神の御札が降ってきた——。そんな噂が広まると、庶民の間で奇妙な出来事が流行した。東海地方で神の御札が舞うと、庶民は「ええじゃないか」と言いながら、熱狂的に踊り出したのである。地震や飢饉といった天災、開国による物価の高騰、そして佐幕派と討幕派の抗争という混乱。そうした中で庶民の不安と不満が爆発し、自然発生的に集団ヒステリーが起きたと考えられる。

ええじゃないかの様子（『絵暦貼込帳』国会図書館所蔵）

真相

ええじゃないかが自然発生的なものだという考え方には、異論が呈されている。長州藩や薩摩藩を肯定するような囃し声もあったことから、**世情不安を煽るために討幕派が札を撒き散らし、庶民のパニックを誘導したとも言われている。**

黒幕が扇動した民衆の騒乱

慶応3（1867）年の8月から12月にかけて、東海地方から中国・四国地方で「天から御札が舞い降りてくる」との噂が広まった。噂を聞きつけた人々はこれを慶事の前触れとばかりに「ええじゃないか」と囃し声を連呼しながら踊りまわり、町中を熱狂的にめぐった。有名な「ええじゃないか騒動」である。

この奇妙な現象は、社会の混乱に不安を感じた人々が、現実から目をそらそうとして起きた集団ヒステリーだと考えられてきた。精神的なストレスが爆発し、小さな騒ぎから大きな騒動へと発展したという考え方だ。

確かに、江戸時代末期は大地震が相次ぎ、開国をきっかけに物価が高騰していた。物質的にも精神的にも、庶民は不安を抱えて生きていた時代だ。そんなときに「天からありがたい御札が舞い降りる」と噂が広まれば、つい浮かれて騒ぎが大きくなってしまっても、無理はないかもしれない。

だが近年では、扇動者による影響も無視できないという意見が出ている。一カ所だけならともかく、複数の地域で御札がばらまかれたのであれば、裏で誰かが手を引いていたと考えたほうが自然である。人々をあおった黒幕は誰か？　指摘されるのが**薩長の人間**だ。

初めて御札がまかれたのは、慶応３（１８６７）年8月ごろ。大政奉還の2カ月前だ。そしてその騒乱は、岩倉具視の伝記『岩倉公実記』によると、12月9日に王政復古の大号令発令と同時に止んだという。いかに社会が混乱していたとはいえ、庶民の熱狂が時勢の影響をここまで素直に受けるだろうか。

また「ええじゃないか」の歌詞には、**「長州さんのお上り、ええじゃないか、長と薩摩とええじゃないか、一緒になってええじゃないか」**というものもある。長州と薩摩を肯定的に捉えているといっていい。薩長にとって都合のいい掛け声が、たまたまあがったと言えるのだろうか。

明治時代に作家・ジャーナリストとして活躍した福地源一郎は、自著『懐往事談』でこの騒動に

江戸時代のお陰詣り（伊勢神宮への集団参詣）を描いた浮世絵。江戸時代には神の御札が降ったという噂がたち、周期的に伊勢参詣が流行した。（歌川広重「伊勢参宮・宮川の渡し」）

薩摩などの関与があったと記している。

11月末、幕臣だった福地は公用で兵庫に赴いたとき、西宮でええじゃないかに巻き込まれた。このとき、薩摩の武士らしい一味や浪人が通った後、札が降ってきてええじゃないかが始まった、という話を聞いたという。

討幕派による扇動だという物的な証拠はないが、福地の考えはあながち空論だとは言い難い。

福地が西宮に到着したごろは、長州藩兵が討幕の機会を窺って西宮の近くの打出浜に上陸し、薩摩や安芸の兵も上洛の機会を窺っていた。だが、大坂に集結している幕府軍には数で劣り、正攻法での突破は難しかった。こうした状況を打破するために**民衆の騒乱を隠れ蓑にし、挙兵の機会を窺っていたのではないか**。そんな風に考えることも可能である。

いずれにせよ、幕末の社会不安の中で、どうしようもない思いを抱えていた人々がいたことは確かである。

主要参考文献・ウェブサイト

「近世国家の成立・展開と近代」藤野保著（雄山閣出版）
「新撰組」松浦玲著（岩波書店）
「新資料からわかった新選組の真実」菊池明著（洋泉社）
「池田屋事件の研究」中村武生著（講談社）
「廃藩置県」勝目政治著（講談社）
「江戸幕府崩壊　孝明天皇と「一会桑」」家近良樹著（講談社）
「財政改革に挑んだサムライ達」中野明著（FLoW ePublication）
「「坂本龍馬」の誕生　船中八策と坂崎紫瀾」知野文哉著（人文書院）
「龍馬史」磯田道史著（文藝春秋）
「西郷隆盛と明治維新」板野潤治著（講談社）
「大久保利通」毛利敏彦著（中央公論新社）
「吉田松陰」奈良本辰也著（岩波書店）
「正伝岡田以蔵」松岡司著（戎光祥出版）
「板垣退助　自由民権の夢と敗北」榛葉英治著（新潮社）
「幕末維新の個性6　井伊直弼」母利美和著（吉川弘文館）
「徳川慶喜」家近良樹著（吉川弘文館）
「幕臣たちの明治維新」安藤優一郎（講談社）
「長州奇兵隊」一坂太郎著（中央公論新社）

「河合継之助」安藤優一郎著（日本経済新聞出版社）
「ハリス伝」ハーバート・カール・クロウ著／田坂長次郎訳（平凡社）
「幕府歩兵隊」野口武彦（中央公論新社）
「小銃拳銃機関銃入門」佐山二郎著（光人社）
「鉄砲と日本人」鈴木眞哉著（筑摩書房）
「鳥羽伏見の戦い」野口武彦著（中央公論新社）
「復刻版戊辰物語（抄）幕末維新回顧談聞き書き」東京日日新聞社会部著（響林社）
「江戸の武家名鑑 武鑑と出版競争」藤實久美子著（吉川弘文館）
「江戸の瓦版 庶民を熱狂させたメディアの正体」森田健司著（洋泉社）
「県史シリーズ46 鹿児島県の歴史」原口虎雄著（山川出版社）
「県史35 山口県の歴史」小川国治編（山川出版社）
「百姓一揆 幕末維新の民衆史」赤松啓介著（明石書店）
「日本の歴史20 維新の構想と展開」鈴木淳著（講談社）
「京都幕末史跡案内」（イカロス出版）
「事典有名人の死亡診断 近代編」服部敏良（吉川弘文館）
「ＧＨＱ焚書図書開封10 地球侵略の主役イギリス」西尾幹二著（徳間書店）
「失敗の中国近代史 阿片戦争から南京事件まで」別宮暖朗著（並木書房）
ＮＨＫオンデマンド（https://www.nhk-ondemand.jp/）
朝日新聞デジタル（https://www.asahi.com/）
産経ニュース（https://www.sankei.com/）
サライ.jp（https://serai.jp/）

彩図社好評既刊本

最新研究でここまでわかった

日本史 通説のウソ

日本史の謎検証委員会 編

「錦の御旗がきっかけで、幕府軍は鳥羽伏見の戦いに敗れた」

「坂本龍馬がリーダーシップを発揮して、薩長同盟は成立した」

これらの歴史常識が、もう通用しない!?　新たな遺構の発掘や、新史料の発見、さらには史料の比較・検証の結果明らかになった、日本史の新常識を紹介。読み進めれば、歴史の意外な真相を知ることができる。


ISBN9978-4-8013-0286-0　B6 判　本体 880 円＋税

彩図社好評既刊本

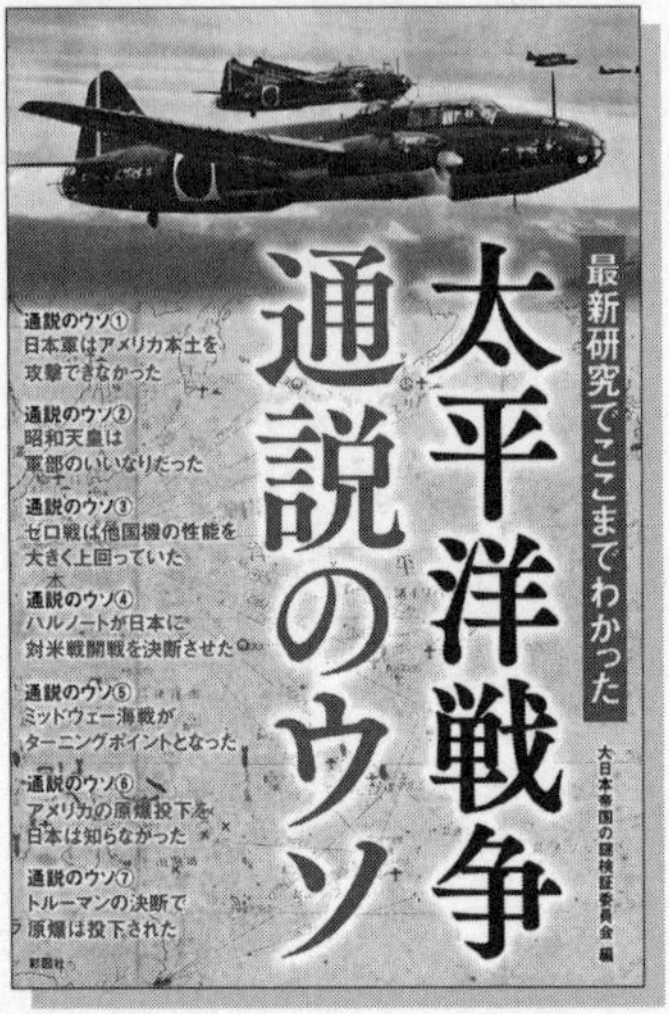

最新研究でここまでわかった

太平洋戦争 通説のウソ

大日本帝国の謎検証委員会 編

当たり前だと思っていた歴史常識はもう古い？　真珠湾攻撃からミッドウェー海戦、ゼロ戦の性能、戦争指導者の素顔、日本をとりまく国際情勢など、最新研究でわかった太平洋戦争の新常識を紹介。通説の変化をイチからまとめているため、予備知識がなくてもすっきりわかる。

ISBN978-4-8013-0244-0　B6判　本体880円＋税

彩図社好評既刊本

日本人として知っておきたい

神道と神社の秘密

神道と神社の歴史研究会 編

絵馬は馬の生贄から始まった?　おみくじで神さまの機嫌を伺っていた?　日本で一番古い神社には本殿がない?　……など、神社と神道にまつわる知識を、いちからやさしく紹介。神道の特徴や神社のなりたち、参拝マナーといった、知っているようで知らない神社の基本を網羅。読後に神社を参拝すれば、これまで気づかなかった魅力を発見できる。

ISBN978-4-8013-0271-6　B6 判　本体 880 円＋税

カバー写真：外国人を警護した侍たちの写真（オランダ海洋博物館所蔵／『幕末ニッポン』角川春樹事務所より）を元に作成

最新研究でここまでわかった

幕末 通説のウソ

2019年3月22日第1刷

編者　日本史の謎検証委員会
制作　オフィステイクオー
発行人　山田有司
発行所　株式会社彩図社《さいずしゃ》
〒170-0005
東京都豊島区南大塚3-24-4 MTビル
TEL 03-5985-8213　FAX 03-5985-8224
URL：http://www.saiz.co.jp
Twitter：https://twitter.com/saiz_sha
印刷所　新灯印刷株式会社

ISBN978-4-8013-0358-4　C0021